Paul Rieth
Dok & Crowd

DOK & CROWD

UVK Verlagsgesellschaft mbH | Konstanz und München

INHALT

DANKSAGUNG

Im Entstehungsprozesses dieses Buches bekam ich die Gelegenheit, viele offene und interessierte Menschen zu treffen, die mir die Relevanz des Themas immer wieder aufs Neue vor Augen führten und viele hilfreiche Ratschläge zur Planung und Durchführung meiner Arbeit beisteuerten.

Ohne eine Reihe von Personen wäre diese Arbeit nicht möglich gewesen. Besonderer Dank gilt dabei meiner ganz eigenen Crowd, die mir so oft für Gespräche bereit stand und sich Zeit nahm, mir Einblicke in ein schwer zu durchblickendes Themenfeld zu gewähren.

Allen voran danke ich Claudia Max für ihre unermüdliche Unterstützung, die maßgeblich dazu beigetragen hat, dass Sie dieses Buch jetzt so in den Händen halten, sowie Franziska Lietzmann und Katrin Harm für ihren wissenschaftlichen und methodischen Beistand, Luisa Sancelean für ihre Zuarbeit bei der Recherche zum Kapitel über ,Dokumentarfilm Marketing', Carolin und Alexander Biedermann für das konstruktive Feedback, Sonja Rothländer vom *UVK Verlag*, Prof. Dr. Gerhard Lampe für dessen Motivation mich diesem Thema zu stellen, ebenso wie meiner Zweitgutachterin Frau Dr. Steffi Schültzke, Jörg Langer für sein Fachwissen als erfahrener Dokumentarfilmproduzent, Patricie Pouzarova, dem *DOK Leipzig*, Alina Cyranek, Paula Schumann, Stephan Popp von der *visionbakery* und Marc Quambusch, Marie Ebenhan, Konrad Lauten, Jenny Hellmann und Wolfgang Gumpelmaier.

Insbesondere danke ich meinen Eltern Petra und Michael Rieth sowie meinem Großvater Wolfgang Baudrich für ihre stete moralische Unterstützung.

EINFÜHRUNG

„Companies that don't understand digital communities will die", schrieb im Jahr 2005 das Magazin *The Economist*.[1] Die Gesellschaft und im Zuge dessen auch die Filmwirtschaft ist in den letzten zwanzig Jahren mächtig in Bewegung geraten: Die Digitalisierung findet in allen Lebensbereichen des menschlichen Zusammenlebens statt und die Nutzung von Computern und mobilen Endgeräten ist längst fester Bestandteil unseres Alltags geworden. Niemand kann sich mehr der Allgegenwärtigkeit des Internets entziehen: „Die Digitalisierung hat im Filmsektor nicht weniger als eine Revolution ausgelöst, die für die zukünftige Distribution, Vermarktung und die Filmfinanzierung althergebrachte Modelle in Frage stellt und neue Konzepte benötigt, um angemessen auf die Veränderungen reagieren zu können."[2] Die Geschwindigkeit, mit der im Internet neue Wege der Kommunikation und Kooperation entstehen, ist enorm. Vielen ‚alten Hasen' der Filmbranche, die an althergebrachte Strukturen gewöhnt sind, bereitet dies Unsicherheit und Sorgen. Vor allem aber erfordert es ein Umdenken. Denn die neuen Formen des Marketings, der Mittelakquise und Distribution bergen große Chancen in sich und das insbesondere für eine Filmgattung, deren Renommee eher jenseits der breiten Masse zu verorten ist: Die Rede ist hier vom Dokumentarfilm.

Besonderheiten und Erfolge von Dokumentarfilmen

Neben einer völlig anderen Wirtschaftlichkeit von Dokumentarfilmen im Vergleich zur Sparte Spielfilm unterscheidet sich vor allem die dokumentarische Arbeitsweise elementar von der bei Spielfilmproduktionen. So arbeiten Dokumentarfilmer[3] zumeist in sehr kleinen Teams mit relativ überschaubarem personellen, wie auch technischem Aufwand, um flexibel auf neue Situationen reagieren und eine vertraute Arbeitsatmosphäre zwischen sich und den Protagonisten kreieren zu können. Dies wirkt sich direkt auf das benötigte Filmbudget aus, welches in der Regel geringer ausfällt als bei Spielfilmen. Lange Recherche-, Dreh- und Schnittphasen über Jahre hinweg, treiben die Kosten jedoch nicht selten dennoch in die Höhe. Wegen der zumeist sehr persönlichen Motivation für die Wahl eines Filmsujets, streben viele Dokumentarfilmer eine eher autarke Arbeitsweise an. Sie verfolgen dabei das Ziel, Prozesse, Zustände oder Strukturen zu entdecken und zu erforschen. Da Prozesse und Entwicklungen nur bis zu einem gewissen Grade vorhersehbar und planbar sind, beinhaltet diese individuelle Herangehensweise immer auch die Faktoren Ungewissheit und Zufall. Das widerspricht allerdings den an Unterhaltungs- und Marktwert orientierten Mechanismen der Filmförderinstitutionen und Fernsehsender, was sich nicht selten in deren Programm wiederspiegelt. Claas Danielsen spitzt die Kritik am deutschen Fernsehprogramm bei der Eröffnung des 52. *Internationalen Leipziger Festivals für Dokumentar- und Animationsfilm (DOK Leipzig)* zu: „Die vordringlichste Aufgabe des Fernsehens ist nicht mehr Bildung, Aufklärung und gesellschaftliche Teilhabe, sondern die Ruhigstellung der vielen sozial absteigenden Menschen."[4] Danielsens Kritik bezog sich auf den Umgang des öffentlich-rechtlichen Fernsehens mit dem langen Dokumentarfilm, der nur in Ausnahmefällen in deren Hauptprogramm zu finden ist. Und das, obwohl es neben der gesellschaftlichen Relevanz vieler Filme auch öffentliches Interesse an den Stoffen gibt. Teilweise werden sie sogar zu Blockbustern: Mit Kinoerfolgen wie *Deutschland – ein Sommermärchen* (3.96 Mio. Kinozuschauer), *Unsere Erde* (3.84 Mio. Kinozuschauer) oder *Rhythm Is It* (660.061 Kinozuschauer) wurde der Beweis geliefert, dass auch Dokumentarfilme das Potenzial haben, ein breites Publikum zu begeistern und hohe Zuschauerzahlen erreichen zu können.[5] So steigt die Zahl der Dokumentarfilmpremieren in deutschen Kinos kontinuierlich. Und auch auf Filmfestivals gewinnen in Deutschland produzierte Dokumentarfilme regelmäßig wichtige Preise und rücken ins Bewusstsein der Öffentlichkeit.

Problematik der herkömmlichen Finanzierung eines Dokumentarfilms

Während an einigen Stellen in der Öffentlichkeit also vom sogenannten ‚Doku-Boom' gesprochen werden kann, zeigt der Blick auf die Hinterbühne, mit welch komplexen und schwierigen Prozessen die Entstehung solcher Werke verbunden ist.

Einen langen kinematographischen Dokumentarfilm mit Hilfe der deutschen und europäischen Filmförderungen sowie deutschen Sendeanstalten zu finanzieren, ist zeitintensiv, aufwendig und hängt häufig vom zu erwartenden Markterfolg des Films sowie dem Bekanntheitsgrad des Antragsstellers ab: „Die Struktur ist im Allgemeinen leider viel zu grobmaschig. Da fallen zahlreiche Filmemacher durch, die ähnlich gute Ideen haben wie bereits Etablierte. In den letzten Jahren habe ich den Eindruck gewonnen, dass Förderanstalten zu sehr auf die Erfolgsaussichten schielen und daher eher diejenigen unterstützen, mit denen sie gute Erfahrungen gemacht haben oder die einfach hohe Erfolgsaussichten versprechen. Daher stehen auch immer wieder die Produktionsfirmen und/oder Filmemacher ganz oben in den Förderlisten, die meistens schon kräftig genug wären, aber trotzdem noch mit großen Fördersummen unterstützt werden."[6], so der Dokumentarfilmer Alexander Biedermann.

Doch dieser aufreibende Prozess bleibt dem Großteil der Zuschauer weitestgehend unbekannt. Genauso wie der Fakt, dass einer aktuellen Studie zufolge lediglich 15% der befragten Dokumentarfilmer angaben, von ihrer Arbeit leben zu können. Der Rest hält sich parallel mit Zweitjobs über Wasser.[7]

‚Traditionell' vs. ‚Neu'

Umso wichtiger ist deshalb, dass sich vor allem Dokumentarfilmer gegenüber den neuen, alternativen Wegen der Filmfinanzierung und -verwertung öffnen und deren Potenzial angesichts der schwierigen Situation, in der sich der Dokumentarfilm gegenwärtig befindet, nutzen. Insbesondere das Internet bietet gegenüber den traditionellen Strukturen erhebliche Chancen: Dort herrschen grundlegend andere Mechanismen, wie Dokumentarfilmprojekte präsentiert werden, wie Kommunikation funktioniert und wer letztendlich über die Realisierbarkeit und vor allem den Erfolg eines Films entscheidet. Außerdem gibt das Internet durch seine Zugangsoffenheit den Anstoß dafür, dass sich alte und etablierte Strukturen öffnen könnten.

In diesem Buch ist die Rede vom sogenannten ‚Alten System', womit die deutschen Fördereinrichtungen und Senderstrukturen gemeint sind, welche gremienbasierte Entscheidungen treffen. Das ‚Neue System' steht dem konträr gegenüber und soll die Möglichkeiten der digitalen Welt mit ihrem offenen und partizipativen Anspruch aufgreifen. Inwiefern das ‚Neue System' auf das ‚Alte System' einwirkt, wie sich die beiden möglicherweise ergänzen und ob das ‚Neue System' das Potenzial in sich trägt, das ‚Alte System' komplett zu verdrängen, steht im Fokus dieses Buches.

Die Filmbranche beäugt derzeit den digitalen Filmmarkt sehr genau: Es entstehen neue Konzepte und Ansätze, wie Zuschauer und das potenzielle Publikum schon viel früher als bisher in den Entstehungsprozess des Films mit einbezogen und folglich über Entwicklungen auf dem Laufenden gehalten werden können. Crowdfunding stellt momentan die hoffnungsvollste und an einigen Punkten bereits sehr erfolgreich genutzte Möglichkeit dar, Dokumentarfilme im Internet zu finanzieren. Da Crowdfunding auch ein Messinstrument für das öffentliche Interesse an einer Filmidee darstellt, könnte es durch eine Verknüpfung mit den traditionellen Finanzierungsformen zu einer Novellierung der deutschen Filmförderung führen. Dadurch bekäme die Öffentlichkeit erstmalig Gelegenheit, über die Vergabe von Fördermitteln zu einem gewissen Grad mitzuentscheiden.

Video-on-Demand bietet als Pendant zu der innovativen Finanzierungsform Crowdfunding einen neuen Weg für Dokumentarfilmemacher, ihre Werke publikumswirksam und kostengünstig, d.h. fernab der herkömmlichen Verleih- und Vertriebsstruktur, weltweit im Internet zu veröffentlichen: Durch die digitale Distribution auf den heimischen PC, das Smartphone oder den internetfähigen Fernseher entsteht derzeit eine Vielzahl an Kanälen, welche die Auswertung von Dokumentarfilmen jenseits von Kino, Fernsehen und DVD ermöglicht. Ähnlich wie beim Crowdfunding wendet man sich hier direkt an die breite Öffentlichkeit im Internet. Für das Anschauen bzw. Downloaden eines Films bezahlt der Nutzer eine geringe Gebühr und ermöglicht dem Rechteinhaber somit, je nach Plattform, direkt finanziell zu profitieren. Dadurch eröffnet sich eine vollkommen neue Perspektive auf die Refinanzierung von Dokumentarfilmen und gleichzeitig ein vielversprechendes Modell neben der traditionellen Distribution im Kino, Fernsehen und auf DVD bzw. *BluRay*. Einher geht damit das Marketing und so ist es für Filmemacher, Regisseure und Produzenten wichtiger denn je, für die eigene Person und das eigene filmische Schaffen zu werben. Alle Kanäle sozialer Vernetzung müssen dabei bedacht und genutzt werden: Posts auf *Facebook* und *Twitter*, Fotos auf *Instagram* sowie zusätzlicher ‚Video-Content' wie bspw. Making-ofs, Trailer und weiterführende Interviews für *YouTube* sind nur einige der wichtigsten. Dieses Gros an neuen Perspektiven auf dem Dokumentarfilmmarkt geht einher mit neuen Bedürfnissen und Aufgaben, die die althergebrachte Arbeitsteilung zwischen Autor-Filmemacher-Produzent-Verleiher

aufbrechen und neue Berufszweige entstehen lassen: Der sogenannte PMD (Producer of Marketing and Distribution) ist bereits in
der Phase der Filmentwicklung und -erstellung für Kommunikation
und Zielgruppengenerierung verantwortlich und dreht damit den
etablierten Ablauf (Publikum erfährt erst vom Film, wenn er fertig
ist und ins Kino kommt) einfach um.

Aufbau & Anliegen dieses Buches

Dieses Buch möchte einerseits einen Zugang in das komplexe
‚Alte System' der Dokumentarfilmproduktion mit seinem Ge-
flecht aus Filmförderung, Fernsehanstalten, Verleih, Vertrieb,
Rechteverwertung und Kinoauswertung bieten. Zum anderen möchte es die digitalen Möglichkeiten aufzeigen, die das ‚Neue System'
mittels einer breiten Öffentlichkeit im Internet für Dokumentarfilmprojekte bereithält, um sie alternativ zu finanzieren, zu vermarkten
und zu verwerten.

Das Buch versteht sich als eine Mischung aus Praxishandbuch und
Marktanalyse, mit dem Versuch, relevante und aktuelle Zahlen des
Dokumentarfilmmarktes zusammenzutragen und die Strukturen der
Dokumentarfilmproduktion in Deutschland verständlich zu machen.
Der Buchtitel greift diese Idee auf und setzt den non-fiktionalen
Film (DOK) mit dem ‚Digital-Community-Gedanken' (Crowd)[8] in eine
(wechselseitige) Beziehung.

Im ersten Abschnitt des Buches (vgl. Kapitel B) soll kurz auf die Be-
grifflichkeit, die Geschichte und definitorische Einordnung des Dokumentarfilms eingegangen werden.

Im Kapitel C werden die traditionellen Strukturen der Filmfinanzierung und -distribution erläutert. Dabei wird die Finanzierung von langen Dokumentarfilmen durch die Fernsehsender, die verschiedenen
Institutionen der Filmförderung sowie einige alternative – nicht im Internet zu verortende – Finanzierungswege aufgezeigt. Die klassische
Distribution wird anhand der üblichen Verwertungskette Filmfestival
– Kino – Home-Entertainment – Fernsehen vorgestellt.

Obwohl auch die traditionellen Strukturen ihren Service aufs Internet ausweiten[9], geht es im Kapitel D des Buches um neue, eigene Wege der internetbasierten Finanzierung und Distribution von Dokumentarfilmen. Crowdfunding als Finanzierungsform (vgl. Kapitel D1) und Video-on-Demand (VoD) als Möglichkeit der Distribution (vgl. Kapitel D2) werden vorgestellt. Es wird erklärt, wie sie funktionieren und sich von den traditionellen Strukturen unterscheiden sowie die Frage beantwortet, ob sie bereits heute profitabel sind. Da Online-Marketing sowohl für Crowdfunding als auch VoD unerlässlich ist, werde ich mich diesem wichtigen Bereich im Kapitel D separat widmen (vgl. Kapitel D3) und anhand von Beispielen veranschaulichen, wie mit dem (potenziellen) Publikum kommuniziert werden kann.

Im Kapitel C (vgl. Kapitel D1) und im abschließenden Ausblick (vgl. Kapitel E) wird das ‚Alte System' mit dem ‚Neuen System' zusammenfassend in Bezug gesetzt und bewertet. Ziel ist es, aufzuzeigen, inwieweit das ‚Neue System' für die Finanzierung und Distribution im Internet schon heute eine vollwertige Alternative bietet bzw. eine bedeutsame Erweiterung der über Jahre gewachsenen traditionellen Strukturen für die Förderung von Dokumentarfilmen in Deutschland darstellt.

Zielgruppen des Buches

Dieses Buch möchte drei unterschiedliche Zielgruppen ansprechen:

1. Junge, bisher unerfahrene Filmemacher/ Produzenten, die einen Einstieg in das Themengebiet ‚Dokumentarfilmproduktion' suchen

2. ‚Dokumentarfilm Natives', d.h. etablierte Filmemacher und Produzenten, denen die Funktionsweise der ‚traditionellen' Strukturen wohlbekannt ist, da sie dieses System seit Jahren nutzen, sich aber zunehmend mit der ‚digitalen Welt' konfrontiert sehen und diese verstehen wollen

3. ‚Digital Natives', die sich bisher in ihrem filmischen ‚Schaffensbereich' ausschließlich im Internet verorten und

möglicherweise noch nie über die traditionellen Finanzie-
rungs- und Verwertungsmöglichkeiten nachgedacht haben
und hierdurch einen ersten Einblick gewinnen können

Meine Motivation

Im Zuge der Recherche musste ich erstaunt feststellen, dass es auf
dem deutschen Buchmarkt bisher keine Publikation gibt, die sich
ausschließlich mit der Produktion von Dokumentarfilmen auseinandersetzt. Zwar lässt sich eine Vielzahl an Veröffentlichungen zur
Filmfinanzierung, Filmproduktion, Dokumentarfilmgeschichte und
-theorie, sowie technischen Aspekten finden, doch keine dieser
Veröffentlichungen liefert konkrete, aktuelle Zahlen und stellt diese sinnhaft zusammen. Hinzu kommt, dass sich Informationen zum
Thema Crowdfunding für den Dokumentarfilm bisher nur in kurzen
Fachartikeln oder als Beiträge in Sammelbänden finden lassen.
Dieses Buch will allen Netzanfängern aus der Branche einen fun-
dierten Überblick geben, wie die Möglichkeiten des Internets und
der dort zu verortenden Crowd gerade für den Dokumentarfilm
wirkungsvoll genutzt werden können. Aber vor allem will es jungen
Filmemachern Hoffnung machen, dass sie heute auch außerhalb der
traditionellen Strukturen ihre Projekte finanzieren, produzieren und
am Ende verwerten und dem Publikum präsentieren können.

GEGENSTAND DOKUMENTARFILM

A

A1 DER DOKU-MENTARFILM

Um die aktuelle Problematik der Dokumentarfilmfinanzierung und -distribution in Deutschland darzustellen, ist es notwendig, sich die Geschichte des Dokumentarfilms mit Blick auf den technischen Wandel grob vor Augen zu führen. Technische Entwicklungen wie 35mm-Kameras, 16mm-Kameras mit Synchronton sowie die Einführung digital aufzeichnender Camcorder veränderten nicht nur die Drehsituation für das Filmteam und beeinflussten die ästhetischen Möglichkeiten; sie hatten auch einen wesentlichen Einfluss auf die Produktionskosten. Obwohl es in der Medienwissenschaft bislang keine eindeutige Definition des Dokumentarfilms gibt, wird im Anschluss an den kurzen geschichtlichen Abriss dargelegt, was unter Dokumentarfilmen heute verstanden wird bzw. werden kann.

A2 ZUR GESCHICHTE

Ein kurzer Abriss

Schon die Anfänge der Filmgeschichte waren dokumentarischer Natur. Als Louis Lumière im Jahr 1895 mit *Arrival of a train* eine der ersten filmischen Aufnahmen präsentierte, fing das Publikum an zu schreien und sprang von seinen Sitzen. Was die Zuschauer zu sehen bekamen, war lediglich die Einfahrt eines Zuges auf dem Bahnsteig in La Ciotat, Südfrankreich. Es war nichts als das Abbild einer Alltagssituation, die mithilfe einer großen, schweren und unbeweglichen 35mm-Kamera aufgenommen wurde.[10] Diese Kamera ermöglichte keine gleichzeitige Aufnahme von Bild und Ton, womit der Originalton immer auf gestellte Situationen angewiesen war und dementsprechend einen massiven Eingriff in die gefilmte Situation darstellte.

Auch Robert Flaherty, der mit seinem Film *Nanook of the North* (1922), einem Porträt einiger Indigener der Gesellschaft der Itivimuit, als Begründer des Dokumentarfilmgenres gilt, griff aktiv in die Handlung ein und nahm in vielerlei Hinsicht Einfluss auf den gefilmten Gegenstand. So halfen die Protagonisten Flaherty dabei, seine Kamera nach einem Sturz ins Wasser zu reparieren, rissen die Seite ihres Iglus ein, um mit genügend Licht das Filmen des Innenraums zu ermöglichen und jagten für die Kamera auf traditionellem Wege ein Walross, obwohl diese Form der Jagd längst nicht mehr so praktiziert wurde. Damit geben schon die ersten Filme der Dokumentarfilmgeschichte vielerlei Anlass, die Authentizität eines Dokumentarfilms grundsätzlich anzuzweifeln. Außerdem musste sich der Dokumentarfilm schon sehr früh mit wirtschaftlichen Faktoren auseinandersetzen: Die Produktion (1914 - 1921) von *Nanook of the North* kostete insgesamt 53.000 US-$ und wurde in den USA und Europa ein Blockbuster. *Paramount Pictures*, welche die Produktion des

Films vorher abgelehnt hatte, stattete Flaherty für sein Folgeprojekt *Moana* mit einem großen Budget aus, in der Hoffnung, er würde einen ähnlich erfolgreichen Film realisieren. Doch das Resultat war ernüchternd: Flaherty, der nur zwei Jahre Zeit hatte, die Einheimischen in Samoa zu erforschen, lieferte einen Film, der an den Kinokassen nicht annähernd so erfolgreich war wie *Nanook of the North*. Damit endete seine Zusammenarbeit mit den Major Filmstudios.

Bis in die 1950er-Jahre blieb der Dokumentarfilm in seiner Weiterentwicklung vor allem aufgrund der großen, schweren Kameras und des wenig praktikablen Tonequipments in weiten Teilen eingeschränkt. Wegen der mangelnden Beweglichkeit der Kameras wirkten Protagonisten in den meisten Fällen wie Darsteller. Das führte dazu, dass zahlreiche Regisseure dazu übergingen, mit versteckter Kamera zu filmen, um die Drehsituation so wenig wie möglich zu beeinflussen. In den späten 1950er-Jahren kamen das 16mm-Format sowie die entsprechenden Kameras auf den Markt. Letztere waren nicht nur kleiner und leichter, sondern auch leiser als ihre Vorgänger und vor allem flexibler einsetzbar. Zusätzlich entwickelten die Amerikaner Richard Leacock und Robert Drew den Synchronton[11], mit dem fortan Bild und Ton gleichzeitig aufgezeichnet werden konnten. Hierdurch wurde es möglich, spontan und unauffällig zu filmen. Verbunden mit diesen technischen Neuerungen entwickelte sich eine neue Perspektive für den Dokumentarfilm und ließ mit ‚direct cinema' und ‚cinéma vérité' zwei maßgebliche Strömungen entstehen. In den USA versuchten die Filmemacher Leacock, Pennebaker sowie die Maysels-Brüder, mit dem ‚direct cinema' oder ‚observer-documentary genre' die Wirklichkeit abzubilden. Dabei wollten sie beobachtend so wenig Einfluss wie möglich auf die Handlung nehmen und als Filmteam in den Hintergrund treten. Michael Rabiger schreibt dazu: „They claimed a certain purity for the method, but unless the camera is actually hidden – an ethically dubious practice-participants are usually aware of its presence and cannot help but modify their behavior."[12]

Hierdurch offenbarte sich eine erneute Debatte um Authentizität, da selbst die bloße Anwesenheit des Filmteams auch mit kleinen Kameras zu verändertem Verhalten bei den Protagonisten führte. Diesen Zustand machten sich Jean Rouch und Edgar Morin, die Begründer des ‚cinéma vérité' zunutze. Sie wollten nicht ausschließlich beobachten, sondern durch ihre Präsenz als Filmteam Situationen erschaffen, um gewisse Dinge an die Oberfläche zu bringen: „Most importantly, cinema vérité authorized the director to initiate characteristic events and to probe for what Rouch called privileged moments rather than passively await them."[13], so Rabiger.

Das Eingreifen des Regisseurs war hier beabsichtigt und somit vollkommen gegensätzlich zur Idee des ‚direct cinema'. In der zweiten Hälfte der sechziger Jahre kamen die sozialkritischen Dokumentarfilme im Stile des ‚direct cinema' und ‚cinéma vérité' nach Deutschland und konfrontierten den unter Manipulationsverdacht stehenden Fernsehdokumentarismus.

Seit seiner Einführung gewannen das Fernsehen bzw. die Fernsehsender in den 1950er- und 1960er-Jahren hinsichtlich Finanzierung, Produktion und Distribution von Dokumentarfilmen in Deutschland zunehmend an Bedeutung. Die Sendeanstalten ermöglichten innerhalb ihrer Strukturen eine Vielfalt von Dokumentarfilmen, wie z. B. über Themen des Alltags- und Arbeitsleben. Im Kino hingegen fand aufgrund der Abschaffung des Vorfilms der Dokumentarfilm kaum noch einen Platz. Zur gleichen Zeit wurde er aber an den neu entstandenen Filmhochschulen in Berlin, München und Ulm zum Thema: Dort konnte eine Generation junger Filmemacher jenseits von kommerziellen Filmproduktionen und Fernsehdokumentarismus filmisch arbeiten und experimentieren.

In den 1980er- und 1990er-Jahren erfuhr der Dokumentarfilm einen erneuten Wandel. Zum einen fand er seinen Weg in die Kinos zurück, zum anderen wurde mit der Digitalisierung die gesamte Filmherstellung revolutioniert. Der Wechsel von 16mm- zu Video-Formaten ermöglichte es, filmische Bilder digital aufzunehmen und weiterzuverarbeiten. Das Filmmaterial wurde damit preiswerter und das Filmteam kleiner und damit unabhängiger. Bereits 1997 prognostizierte Brian Winston treffend: „Die Digitalisierung wird im Laufe der nächsten 50 Jahre durchschlagende Folgen haben. Deshalb ist es in meinen Augen an der Zeit, die Grundlage dessen, was den Dokumentarfilm ausmacht, nicht mehr in der Darstellung anzusiedeln (wo nichts garantiert werden kann), sondern in der Wahrnehmung (wo gar nichts garantiert werden muss)."[14] Spätestens mit der Digitalisierung wurde der Dokumentarfilm vom Anspruch befreit, die Realität abbilden zu müssen. Da sich heute jeder der Möglichkeiten der digitalen Bildgestaltung und der Manipulation auf der Bild- und Tonebene bewusst ist, rückt mit der Digitalisierung der Autor in den Mittelpunkt. Er hat die Kontrolle über die Bilder und steht zugleich in der Verantwortung, eine dokumentarische Geschichte zu erzählen, mit der er sein Publikum erreicht und in ihm etwas auslöst.

A3 DER VERSUCH EINER DEFINITION

Bereits im Jahr 1990 schrieb Heinz Heller, dass es in der Medienwissenschaft keine eindeutige Definition für den Dokumentarfilm gebe, was er zum Teil auf die verschiedenen im Fernsehen entstandenen Mischformen zurückführte, die eine klare Abgrenzung erschweren würden. Auch heute, 25 Jahre später, gibt es keine einheitliche Definition des Dokumentarfilms, lediglich eine Diskussion dieses filmischen Genres anhand unterschiedlicher Gesichtspunkte. Einige Erklärungsversuche wurden im Buch *Das Gefühl des Augenblicks* (2012) von Thomas Schadt veröffentlicht: Während Hübner den Dokumentarfilm lediglich „[...]vom spekulativen Voyeurismus, von der glatten, zu professionellen Mittelmäßigkeit, aber auch von seiner manchmal fatalen Nähe zum Missionarischen, zur Schulstunde[...]"[15] abgrenzen möchte, fordert Stadler, dass die Unterscheidung zwischen scheinbar „Realem" und „Fiktionalem" am besten komplett aufgegeben werden sollte. Das allgemeine Misstrauen der Zuschauer hätte zur Folge, dass Dokumentarfilmer nur noch an der eigenen Glaubwürdigkeit gemessen würden, unabhängig von den eingesetzten Mitteln. Hans-Dieter Grabe wiederum sieht den Dokumentarfilm in der Verantwortung, gesellschaftliche Haltungen zu präsentieren und fordert deshalb, dass Dokumentarfilme politisch sein sollten. Pepe Danquart stellt den „wirklichen" Zugang des Regisseurs zu einem Gegenstand in den Mittelpunkt. Schadt zieht aus der Umfrage den Schluss, dass der Definitionsversuch für Dokumentarfilme an drei maßgeblichen Aspekten teilweise sehr gegensätzlich diskutiert wird: 1) Annäherung von Dokumentar- und Spielfilm mithilfe der entsprechenden Gestaltungsmittel, 2) Realität und Freiheit werden oft genutzt, aber selten erklärt, 3) unterschiedliche Wege, Glaubwürdigkeit filmisch zu präsentieren. Dennoch versucht sich Schadt an einer Definition des Dokumentarfilms aus seiner eigenen Perspektive. Ihm geht es um „[...] den Dokumentarfilm, der in seiner Interpretation von Wirklichkeit in erster Linie auf reale Authentizität setzt und diese mit filmischen Mitteln und einer filmischen Dramaturgie so gestaltet, dass sowohl Thema, Motive und Protagonisten als auch Handschrift und Haltung des Autors darin ihren eigenen Ausdruck finden."[16]

Der Aspekt der Glaubwürdigkeit wird heute dadurch erschwert, dass sich viele Genres und filmische Mischformen entwickelten, die sich dem Dokumentarischen annehmen und unterschiedlich interpretieren. Vor allem „[...] eingeleitet durch die Entwicklung des Fernsehens als Massenmedium und die Einführung elektronischer Kameratechnik entstand eine Vielzahl von dokumentarischen Subformen wie Reportage, Feature, Dokumentation, Dokudrama, Dokuessay. Dazu gesellen sich neueste Modeerscheinungen wie Dokusoap, Doku-Fake, Reality-TV und Reality-Soap."[17] Mit dem ‚Dokudrama' hat sich eine Mischform herausgebildet, mit der historische Ereignisse als Spielfilm dargestellt und mit Archivmaterial, Interviews sowie nachgestellten Szenen kombiniert werden. Die Doku-Soap nutzt im Stil einer ‚Soap Opera' reale Orte, um Geschichten zu erzählen und vermischt damit Dokumentarisches und Inszenierung. Am stärksten spielen sogenannte ‚Mockumentaries' mit wahrhaftigen Ereignissen: Als ‚Pseudo-Dokumentarfilm' werden hierbei bewusst die Grenzen zwischen Dokumentarischem und Spielfilm genutzt, um das Dokumentarfilm-Genre oder das jeweilige Thema zu parodieren. Damit ist der Dokumentarfilm heute selbst zu einer Subform geworden und definiert sich permanent neu.

Abb. 1: Die ‚direct cinema'-Regisseure Albert und David Maysles mit der damals neuen 16mm-Kamera

FINANZIERUNG UND DISTRIBUTION ‚OFFLINE'

B

B1 KLASSISCHE FINANZIERUNG

Die klassischen Strukturen der Finanzierung von Dokumentarfilmen sind langsam gewachsen und bis heute auf dem deutschen Markt etabliert. Neben dem Fernsehen als Hauptverwerter und -abnehmer nonfiktionaler Programme hat die Filmförderung eine immense Bedeutung für die Filmindustrie in Deutschland. In der Regel kommt es bei der Finanzierung von langen Kinodokumentarfilmen zur Kombination unterschiedlicher Geldgeber. Der Regisseur Thomas Schadt nennt folgendes Beispiel seines Films _Herr W und Herr W_: „Das Gesamtbudget von 250.000 Euro war zuletzt auf drei Sender (_SWR, NDR_ und _WDR_) und auf drei Filmförderanstalten (_BMI, Kuratorium junger deutscher Film_ und _Filmboard Berlin-Brandenburg_) verteilt. Ich hatte am Ende sechs Auftraggeber mit vier völlig unterschiedlichen Verträgen."[18] Das komplizierte, langwierige und teilweise nur schwer zu durchschauende System der Dokumentarfilmfinanzierung innerhalb der klassischen Förderstrukturen soll deshalb in diesem Kapitel vorgestellt werden.

DABEI ERWIRTSCHAFTEN DIE 25 GRÖSSTEN NON-FICTION-ANBIETER ALLEIN 56 PROZENT DES GESAMTEN UMSATZES. RUND ZWEI DRITTEL DER PRODUZENTEN SIND KLEINUNTERNEHMEN, DEREN UMSATZ PRO JAHR DEUTLICH UNTER 500.000 € LIEGT. AUF DIESE KLEIN-PRODUZENTEN ENTFALLEN 10 PROZENT DES GESAMTEN MARKTUMSATZES.

LINGEMANN / HACHMEISTER (2005)

Eins haben das Fernsehen als Auftraggeber und Filmförderung gemeinsam: In Gremien, Ausschüssen und Redaktionen beschließen Entscheidungsträger darüber, ob ein Film realisiert wird oder nicht.

Fernsehsender als Auftraggeber & Koproduzent

Schon seit der Gründung des öffentlich-rechtlichen Rundfunks in Deutschland gehören dokumentarische Programme zum Fernsehalltag. Konnten anfänglich festangestellte Regisseure in der Sicherheit ihres monatlichen Salärs anspruchsvolle, lange Dokumentarfilme innerhalb der Senderstrukturen herstellen, wandelten sich mit der Zeit die Strukturen des Fernsehens, so dass dokumentarische Programme heute fast ausschließlich von externen Produzenten hergestellt werden.

Der Markt

Wie eine *HRM-Studie* herausfand,[19] stellten im Jahr 2003 insgesamt 820 Produzenten dokumentarische Programme im Wert von rund 510 Mio. Euro her, wovon rund die Hälfte für Dokumentationen und Reportagen verwendet wurde.[20] Die Produzenten-Studie 2012 geht von 900 sogenannten klassischen Produzenten aus, wovon ein Drittel (300) ihren Schwerpunkt in der Kinofilmproduktion haben und zwei Drittel (600) vornehmlich fürs Fernsehen produzieren. Überraschenderweise kommt es hier nur selten zu Überschneidungen. Die Fernsehproduzenten generieren nur 4 Prozent ihres Umsatzes mit Kinoproduktionen. Umgekehrt liegt der Wert bei 9 Prozent. Doch der Markt der Produzenten, die für diese Inhalte verantwortlich sind, ist hinsichtlich Personalstärke, Auftragsvolumen und Umsatz sehr heterogen: „Dabei erwirtschaften die 25 größten Nonfiction-Anbieter allein 56 Prozent des gesamten Umsatzes. Rund zwei Drittel der Produzenten sind Kleinunternehmen, deren Umsatz pro Jahr deutlich unter 500.000 € liegt. Auf diese Kleinproduzenten entfallen

10 Prozent des gesamten Marktumsatzes."[21] Die kleinen Firmen – in den meisten Fällen sogenannte ‚Rucksackproduzenten' – bewältigen in der Regel nicht mehr als ein bis drei Produktionen und haben auf dem Markt eine geschwächte Position, da sie selten bei der Vergabe von Aufträgen mit höheren Budgets berücksichtigt werden. Immer häufiger bekommen große Produktionsfirmen, oft auch Tochterunternehmen der Fernsehsender, die Aufträge zugesprochen.

Konkrete Zahlen der Fernsehbeteiligung/Intransparenz

Die Schieflage bezüglich Auftragsvolumen und Unternehmensgröße wird durch die Intransparenz der Fernsehsender verstärkt: Versucht ein Produzent herauszufinden, mit welchem Budget er bei der Arbeit für eine bestimmte Redaktion rechnen kann, beginnen die Schwierigkeiten. Schon bei der Erarbeitung der ersten *Sendeplatzbeschreibung für dokumentarische Formate im deutschen Fernsehen* im Jahr 1999 hatten die Autoren Probleme mit der Auskunftsbereitschaft der Sender: „Grenzen waren der Arbeit andererseits durch die Auskunftsbereitschaft der befragten Redaktionen gesetzt: Erkundungen nach dem jeweiligen Produktionsbudget bzw. nach den Produktionsetats für einen bestimmten Sendeplatz wurden – von wenigen Ausnahmen abgesehen – gar nicht oder nur so ungenau beantwortet, dass eine Wiedergabe an dieser Stelle nicht sinnvoll erscheint."[22] In der Aktualisierung aus dem Jahr 2006 heißt es dazu: „Zum Budget wurden in den seltensten Fällen konkrete Angaben gemacht. Die Bemerkungen reichten von ‚durchschnittlich' über ‚flexibel' bis zu ‚sind dem Haushaltsplan zu entnehmen' oder ‚darüber dürfen wir nicht sprechen.'"[23] Offenbar haben die Sender kein Interesse an einem transparenten Umgang mit dem jährlichen Produktionsvolumen ihrer Sendeplätze. Wäre solch eine Geheimhaltung bei den privaten Sendern aufgrund bestehender Konkurrenzsituation noch nachvollziehbar, erscheint dieses Verhalten bei den öffentlich-rechtlichen Sendeanstalten aufgrund der Herkunft der finanziellen Mittel ihres Haushalts vollkommen unangemessen.

Gleichzeitig verwehrt es Produzenten die Orientierung für Planung und Budgetierung.

Abgesehen davon, dass der lange Dokumentarfilm bei den privaten Sendern kaum eine Rolle spielt, werden non-fiktionale Programme dort fast ausschließlich von ausgewählten Firmen (z.B. az-media, Dctp usw.) produziert oder fertige Inhalte angekauft.

Koproduktion, Ankauf & Auftragsproduktion

Doch wie kommt der lange abendfüllende Dokumentarfilm heute ins Fernsehen? Hierfür gibt es drei unterschiedliche Wege, die im Folgenden vorgestellt werden: Koproduktion, Ankauf und Auftragsproduktion.

Koproduktion:

Im Zuge einer Koproduktion wird der Film durch die finanzielle Beteiligung des Fernsehens und häufig auch mit Geldern von mindestens einer Filmförderung produziert. Da Autoren bzw. Regisseure oftmals nicht über die notwendigen Kontakte zu den Redakteuren verfügen und auch das finanzielle Risiko in der Regel nicht allein tragen können, wenden sie sich im Normalfall an einen Produzenten. Die Produktionsfirma kümmert sich daraufhin um die Kontaktaufnahme zu Redaktionen, Entwicklung des Themenvorschlags und übernimmt die Verhandlungen. Die Produzenten unterbreiten hierfür den Fernsehredakteuren ihre Themenvorschläge mit einem Exposé, teilweise unterstützt durch erste filmische Eindrücke wie beispielsweise Rohmaterial oder einem Trailer. Die Redaktion entscheidet dann darüber, ob der Stoff in ihr Programm passt und ob er bereits einen gewissen Grad der Entwicklung erreicht hat, der eine Realisierung nahelegt. Diese Kriterien sind je nach Sendeplatz und Redaktion unterschiedlich. Kommt es zur Zusammenarbeit und folglich zum Vertragsabschluss, kauft der Sender durch seinen Finanzierungsanteil das Senderecht nach der Kinoauswertung. Dadurch kommt es im Prinzip zu einem Vorabverkauf der Lizenzen durch den Produzenten.

Sollten mehrere Sender an der Koproduktion beteiligt sein, erhält derjenige Sender das Recht zur Fernsehpremiere, der mit dem höchsten Betrag beteiligt war.

Eine Enklave für den langen, künstlerischen Dokumentarfilm im öffentlich-rechtlichen Rundfunk bietet der Sendeplatz *Kino-Zeit* im *WDR*, der von der Redakteurin Jutta Krug jährlich mit 24 langen Produktionen gefüllt wird. Hierfür werden zu 95 Prozent Koproduktionen mit *WDR*-Anteilen von 30.000 – 100.000 Euro unterstützt. Einen gewissen Freiraum bietet außerdem der Sendeplatz *Das kleine Fernsehspiel* des *ZDF*. An Dokumentarfilmen beteiligt sich das *ZDF* in der Regel mit einem Anteil von ca. 90.000 Euro – 100.000 Euro.[24]

Im Oktober 2010 untersuchte Jörg Langer im Auftrag der *AG DOK* wie hoch die Mitfinanzierungsrate des *ZDF* an den verhandelten dokumentarischen Sendeplätzen der Sender *ZDF*, *ARTE* und *3sat* ausfällt und wie hoch der Anteil der 100%igen Vollfinanzierung in diesem Bereich liegt: Während kürzere dokumentarische Formate, wie beispielsweise *37 Grad* vom *ZDF*, üblicherweise vollfinanziert werden, wird bei längeren Formaten wie dem *Grand Format* bei *ARTE* vom *ZDF* lediglich eine Mitfinanzierungsquote von unter 40 Prozent geleistet. Die im Rahmen der Studie befragten Firmen berichteten, dass nur 15 Prozent ihrer 168 Produktionen im analysierten Zeitraum vollfinanziert waren. Der *ZDF*-Anteil lag hier zwischen 90.000 und 125.000 Euro. Bei *Das kleine Fernsehspiel* (90 Min) lag der *ZDF*-Anteil zwischen 90.000 und 110.000 Euro, bei *Dokumentarfilmzeit* (90 Min) auf *3sat* zwischen 12.500 und 70.000 Euro.[25]

Das bedeutet konkret: Nur noch in den seltensten Fällen werden Kalkulationen von den Sendern zu 100 Prozent bewilligt. Die Sender vergeben neuerdings nur noch 60 bis 70 Prozent als Beteiligungsanteil. Um die Finanzierung folglich schließen zu können, muss sich der Produzent folglich selbstständig um weitere Geldgeber wie bspw. Koproduzenten, Fernsehsender und Filmförderung kümmern. Wobei jedoch auch die zugesagte Beteiligung eines Senders noch keine Sicherheit für eine erfolgreiche Filmförderung bietet.

Gelingt die Akquise der fehlenden Gelder dem Produzenten nicht, kann er das Projekt entweder aufgeben oder mit dem zugesagten Anteil, mit 60 bzw. 70 Prozent des benötigten Budgets, arbeiten und den Film dadurch für sehr viel geringeres Budget als ursprünglich kalkuliert, herstellen.

Die Sender kommen somit zu dem Schluss, dass die Produktion eines fernsehtauglichen Dokumentarfilms offenbar auch mit einem geringeren Budget möglich ist und forcieren dadurch einen Abwärtstrend bei der Entwicklung der Löhne in der Filmbranche.

Abgesehen von den genannten Redaktionen, sind die Dokumentarfilmredaktionen der kleineren dritten Programme nicht in der Lage, kostenintensive Koproduktionen einzugehen. Beispielsweise muss der *NDR* mit einem Dokumentarfilmbudget auskommen, welches nur rund einem Viertel des Volumens der Redaktion *Kino Zeit* des *WDR* entspricht.[26] Dennoch hatten laut *FORMATT Studie*[27] vor allem die dritten Programme mit 26.000 Minuten im Jahr 2007 die höchste Nachfrage nach journalistischen Langformaten. 2008 blieb dieser Wert stabil, obwohl das Auftragsvolumen weiter sank.[28] Und auch heute haben die dritten Programme eine hohe Nachfrage und präsentieren häufig lange Dokumentarfilme. Dass dies innerhalb der öffentlich-rechtlichen Sendeanstalten trotz deren oft geringen Koproduktionsbudgets keinen Widerspruch darstellt, liegt daran, „[...] dass die Anstalten in erheblichen Umfang Sendungen austauschen, ohne dafür untereinander Kosten in Rechnung zu stellen. Die großen Landesanstalten speisen dabei den Pool überproportional, während die kleineren sich überproportional aus dem Pool bedienen"[29]. Hiervon profitieren vor allem die Sender und das Publikum. Doch der Produzent profitiert von Wiederholungen nur dann, wenn er im Vertrag eine Wiederholungsgage festgelegt hat. Der Sender *Phoenix* beispielsweise basiert auf kostenlosen Übernahmen der anderen öffentlich-rechtlichen Sendeanstalten und lässt so gut wie kein Programm selbst produzieren.[30]

Ankauf:

Neben der Übernahme von Programmen anderer öffentlich-rechtlicher Sendeanstalten kaufen die Sender Senderechte an Filmen bspw. auf Märkten von Dokumentarfilmfestivals an. Dabei ist der Ankauf von Senderechten an einem bereits fertiggestellten Film für Sendeanstalten ein lukratives, für Produzenten allerdings eher nachteiliges Geschäft. Denn die gezahlten Summen, die Produzenten für den Verkauf der Senderechte auf den sogenannten Programmmärkten erzielen, stehen in den meisten Fällen in keinem Verhältnis zu den eigentlichen Herstellungskosten, wie Jörg Langer schreibt: „Ein gutes Geschäft ist der Lizenzverkauf schon lange nicht mehr. Für die Produzenten ist er lediglich ein willkommenes Zubrot oder ein Einlassticket in eine neue (Ko)produktion. Sollte man seine Filme in der Produktion nicht durchfinanziert haben, wird die Lücke in der Regel bleiben. Großartige Refinanzierungen sind nach Fertigstellung heute nicht mehr realistisch."[31] Deshalb wird Produzenten geraten, ihre Filme gemeinsam mit dem Fernsehsender zu entwickeln und zu finanzieren und nicht darauf zu hoffen, den fertigen Film verkauft zu bekommen.

Auftragsproduktion:

Bei der Auftragsproduktion engagiert der Sender einen Produzenten, ein bestimmtes Thema gemeinsam mit einem Regisseur umzusetzen. Diese Form der Zusammenarbeit ist heute nur noch sehr selten und für lange Dokumentarfilme so gut wie nicht mehr üblich.[32] Um sich mit den Beträgen vertraut zu machen, die dabei von den Sendern bezahlt werden, erklärt Schadt: „Bei sogenannten Auftragsproduktionen […] zahlen Kulturredaktionen der *ARD* für einen Film im Hauptprogramm im Schnitt 75.00 bis 130.000 Euro. Ist er für ein Drittes Programm vorgesehen, bewegen sich die Summen zwischen 25.000 (!) und 60.000 Euro. Für 100.000 oder sogar 50.000 Euro ist ein abendfüllender, 60- bis 90-minütiger Dokumentarfilm jedoch nicht oder nur unter Ausbeutung eigener und fremder Arbeitskraft zu realisieren."[33] Entsprechend sind komplett finanzierte

Auftragsproduktionen meist nur durch Koproduktionen mehrerer öffentlich-rechtlicher Sendeanstalten möglich. Diese Form der Filmherstellung ist jedoch heute ungewöhnlich und hat keine Kinopremiere als Ziel.

Filmförderung in Deutschland

Die öffentliche Filmförderung in Deutschland ist ein komplexes Gebilde. Sie ist dezentral organisiert und besteht aus einer Vielzahl unterschiedlicher Einrichtungen. Diese agieren sowohl auf Bundes- bzw. Landesebene nach unterschiedlichen Motiven. Gleichsam stellt sie die wichtigste Finanzierungsquelle für Kinofilme dar und ist durch ihre Tradition ein elementarer Bestandteil der deutschen Filmkultur und für jede Filmproduktion ein wichtiger Partner.

Auf der einen Seite sind es vorwiegend Kultur- und Wirtschaftsförderungen mit dem Ziel, Deutschland als Filmland (bundesweite Filmförderung) und außerdem die Filmwirtschaft einzelner Bundesländer bzw. Regionen zu stärken (Regionale Filmförderung). Auf der anderen Seite setzt sich die kulturelle Filmförderung für das Entstehen kultureller Filmwerke ein und ist keine explizite Wirtschaftsförderung. Die Institutionen stehen dabei in Abhängigkeit unterschiedlicher Geldgeber, die in den meisten Fällen als Teil des Vergabegremiums sowohl für das Budget der Fördereinrichtung als auch für die Vergabe der Fördermittel Verantwortung tragen. Zusätzlich zu den deutschen Fördermöglichkeiten können sich Produzenten um EU-Gelder der Programme *CREATIVE EUROPE* und *EURIMAGES* bemühen.

Regionale Filmförderung

Die erste regionale Kultur- und Wirtschaftsförderung entstand im Jahr 1978 mit dem Ziel, die regionale Filmförderung in Berlin anzuregen. Mithilfe des sogenannten ‚Berlin-Effekts' sollten mehr Filmproduktionen in der heutigen Hauptstadt entstehen. Daraufhin wurden ähnliche Institutionen in München und anderen Orten gegründet.

Zur gleichen Zeit, aber mit ganz gegensätzlicher Intention, bildete sich 1979 in Hamburg das erste Filmbüro. Hier sollten vornehmlich Projekte von Nachwuchsfilmemachern finanziell unterstützt werden, mit dem kulturellen Gut ‚Film' im Blick. Im Laufe der Zeit entstanden noch weitere Filmbüros, unter anderem in Bremen. Anfang der 1990er-Jahre wurden dann die ‚Förder-GmbHs', gegründet, deren Budgets sich sowohl aus Landesgeldern als auch aus Zuschüssen von Fernsehsendern zusammensetzten und als regionale Filmförderungen bis heute von enormer Wichtigkeit sind.

Sieben Förderinstitutionen gelten heute als die wichtigsten Geldgeber auf regionaler Ebene:

» Medien- und Filmgesellschaft Baden-Württemberg mbH (MFG)
» FilmFernsehFonds Bayern GmbH (FFF)
» Medienboard Berlin-Brandenburg GmbH (MBB)
» Filmförderung Hamburg Schleswig-Holstein GmbH (FFHSH)
» Mitteldeutsche Medienförderung GmbH (MDM)
» Nordmedia – Film- und Mediengesellschaft Niedersachsen/ Bremen mbH
» Film und Medien Stiftung Nordrhein-Westfalen GmbH

Die Förderung erfolgt in den Bereichen „[...] Drehbuch, Projektentwicklung, Produktion, Absatz, Abspiel und sonstige Förderung"[34] und wird an die Antragsteller in der Regel in Form eines ‚bedingt rückzahlbaren Darlehens' gewährt. Wann und an wen diese Rückzahlungen zu leisten sind, ergibt sich aus der Rangfolge aller im Vertrag festgehaltenen Vertragspartner. Dabei besteht für den Produzenten nur dann eine Rückzahlungspflicht, wenn eine gewisse Ertragshöhe aus der Verwertung erreicht wurde. Konkret bedeutet dies, dass nur dann zurückgezahlt werden muss, wenn der Film Gewinn erwirtschaftet.
Die regionalen Förderer binden ihre Gelder an den ‚Regional-Effekt': Das bedeutet, dass die bewilligten Fördergelder zu

mindestens 100 Prozent, oft aber auch höher,[35] in der entsprechenden Region ausgegeben werden müssen, um so die regionale Wirtschaft zu stärken und zu mehr Beschäftigung in der Film- und Medienbranche zu verhelfen.

Über Bewilligung und Ablehnung von Anträgen entscheidet ein Gremium, welches sich aus den verschiedenen Geldgebern zusammensetzt. Als Beispiel kann das Gremium der *Mitteldeutschen Medienförderung (MDM)* vorgestellt werden: Dort besteht der Vergabeausschuss aus Mitarbeitern der *Sächsischen Staatskanzlei,* der *Landesanstalt für privaten Rundfunk und neue Medien,* des *DOK Leipzig,* des *Thüringer Ministeriums für Wirtschaft, Arbeit und Technologie,* der *Thüringer Staatskanzlei,* der *Staatskanzlei des Landes Sachsen-Anhalt,* des Kultusministeriums Sachsen-Anhalt, des *MDR,* des *ZDF* sowie des *FJS - Förderverein für Jugend und Sozialarbeit e.V.*

2013 hatten die sieben großen regionalen Förderanstalten ein Fördervolumen von insgesamt 151,5 Millionen Euro in verschiedenen Förderbereichen.[36] Dabei hat sich das Volumen der Dokumentarfilm-Förderung von 1,5 Mio. Euro im Jahr 2001 auf 6,6 Mio Euro[37] im Jahr 2013 fast vervierfacht.

Besonders herauszustellen ist das Engagement von *nordmedia* für den Dokumentarfilm. Obwohl *nordmedia* mit einem Gesamtbudget von 10,22 Mio. Euro die finanzschwächste regionale Filmförderung ist, steckte sie im Jahr 2013 3,08 Mio. Euro und damit über ein Viertel ihres Gesamtvolumens in die Beteiligung an Dokumentarfilmproduktionen.[38]

Kulturelle Filmförderung

Zusätzlich zu den sieben großen regionalen Filmförderungen gibt es eine Vielzahl von kleineren Förderinstitutionen, die auf regionaler oder sogar lokaler Ebene Filmproduktionen fördern. Hierzu gehören die Filmbüros beispielsweise in Nordrhein-Westfalen, Bremen (max. Produktionsförderung für Filmprojekte: 30.000 Euro)[39],

AUFWÄNDIGE PROJEKTE, VOR ALLEM NAHEZU SÄMTLICHE KINO-DOKUMENTATIONEN, SO ÄUSSERN SICH VIELE PRODUZENTEN UND REDAKTEURE, WÄREN OHNE FILMFÖRDERUNG NICHT REALISIERBAR. DENNOCH ERACHTEN VIELE PRODUZENTEN DIE AKTUELLE GRUNDSTRUKTUR UND AUSRICHTUNG DER FILMFÖRDERUNG IN DEUTSCHLAND ALS OPTIMIERBAR.

HMR INTERNATIONAL

Mecklenburg-Vorpommern (max. Antragssumme für Produktionsförderung: 30.000 Euro für nicht-programmfüllende Filme, 50.000
Euro für programmfüllende Filme),[40] aber auch die kulturellen
Filmförderungen wie z.b. die *Kunststiftung Sachsen-Anhalt* in Hal-
le (max. Produktionsförderung: 10.000 Euro) und andere. Wobei
ihr finanzieller Spielraum ist bei weitem nicht mit dem der großen
regionalen Filmförderung zu vergleichen ist. Dennoch muss betont werden, dass sie sich teilweise mit 50 Prozent ihres Budgets
für den Dokumentarfilm einsetzen, eine Quote, die höher ist als
bei den großen Filmfördereinrichtungen. Die Fördergelder der
kulturellen Fördereinrichtungen sind als Projektfördermittel nicht
zurückzuzahlen.

Ganz allgemein positiv bleibt anzumerken, dass die Filmförderungen
ihre vergebenen Gelder transparent machen. Somit kann sich jeder
(potenzielle) Antragsteller an den geförderten Projekten (inkl. Fördersumme) orientieren und ggfs. mit dem jeweiligen Antragsteller
Kontakt aufnehmen. Was leider nicht veröffentlicht wird, sind die ab-
gelehnten Projekte und vor allem die entsprechende Begründung.

Kritik an der Filmförderung

Eine häufig an die Filmförderinstitutionen gerichtete Kritik betrifft
das sehr aufwendige Antragsverfahren.[41] Zudem werden unterschiedliche Nachweise verlangt. Bei *nordmedia* z.B. muss für die
Produktionsförderung von Dokumentarfilmen ein ‚Letter of Intent'
vorliegen, der das Interesse bspw. des NDR oder eines beteiligten
Ländergremiums ausweist. Für den langen Dokumentarfilm, der für
eine Kinoauswertung produziert wird, verlangen die Fördereinrichtungen außerdem in der Regel einen Verleihervertrag. Darin wird
bestätigt, dass der Verleiher den Film nach Fertigstellung im Kino
präsentieren wird. „Aufwändige Projekte, vor allem nahezu sämt-
liche Kino-Dokumentationen, so äußern sich viele Produzenten
und Redakteure, wären ohne Filmförderung nicht realisierbar. Dennoch erachten viele Produzenten die aktuelle Grundstruktur und

Ausrichtung der Filmförderung in Deutschland als optimierbar."[42], so die Studie von HMR. Thomas Frickel, Vorsitzender der *AG DOK* kritisiert außerdem, dass sich Tochterfirmen der öffentlich-rechtlichen Sender bei der Bewerbung um Gelder der Föranstalten beteiligen. Im Falle einer erfolgreichen Förderung eines Projekts, erwirtschaftet die Tochterfirma eines Senders dabei teilweise mehr Geld als der Sender in das Förderbudget eingezahlt hat und benachteiligt somit unabhängige Produzenten.

Bundesweite Filmförderung

Auf nationaler Ebene existiert die *Filmförderungsanstalt (FFA)*, die *Filmförderung des Beauftragten der Bundesregierung für Kultur und Medien (BKM), der Deutsche Filmförderfonds (DFFF)* sowie das am Nachwuchs orientierte und deshalb hier nur kurz erwähnte *Kuratorium junger deutscher Film (KJDF)*.

Filmförderungsanstalt (FFA)

1968 wurde die *Filmförderungsanstalt (FFA)* gegründet.[43] Als Anstalt öffentlichen Rechts ist sie nicht nur sehr viel älter als die Länderförderer, sondern hat auch ein sehr viel höheres Fördervolumen. Die rechtliche Basis für ihr Handeln ist das *Filmförderungsgesetz (FFG)* sowie eine Vielzahl von Durchführungsrichtlinien.[44]

Die FFA finanziert sich aus der Filmabgabe der Filmtheater (2013: 25,1 Mio. Euro), der Abgabe der Videowirtschaft (2013: 17,4 Mio. Euro) sowie durch Gelder der öffentlich-rechtlichen und privaten Fernsehsender (2013: 13,3 Mio. Euro)[45], deren Beitragshöhe gesetzlich im Filmförderungsgesetz (FFG) geregelt wurde.

Die *FFA* hat in Deutschland das umfangreichste Spektrum an Förderungen (besonders: Filmverleih, Filmabspiel, DVD-Handel, Kinos und weitere Aktivitäten), doch die wichtigste Förderung bleibt die Produktionsförderung für programmfüllende Kinofilme – sowohl Spiel- als auch Dokumentarfilme – mit einer Länge von über 79 Minuten, wobei Fernsehfilme nicht gefördert werden.

Die Produktionsförderung der *FFA* erfolgt auf zwei Wegen:

1. entweder über ein bedingt rückzahlbares Darlehen bis 250.000 Euro, in Ausnahmefällen auch bis zu 1 Mio. Euro für ein konkretes, per Antrag vorgestelltes Projekt,

2. oder aber über die Referenzfilmzahlungen: Diese Zahlungen müssen Produzenten für die Filme gewährt werden, die im Zuge ihrer Auswertung 150.000 Referenzpunkte erreicht haben. Punkte erhält ein Film auf Grundlage von Zuschauerzahlen (ein Punkt pro Zuschauer innerhalb eines Jahres) sowie mit dem Gewinn von Preisen. Dokumentarfilme erhalten Referenzgelder, wenn sie 25.000 Punkte aufweisen können. [46]

Anträge für Dokumentarfilmproduktionen ohne Verleih haben allerdings auch bei der FFA keine Chance auf Förderung, da der Verleih als entscheidendes Indiz dafür gilt, ob ein Film tatsächlich ins Kino kommen wird. Die Entscheidung der *FFA* trifft eine 12-köpfige Vergabekommission, die anhand der eingereichten Unterlagen urteilt, ob der Film Qualität und wirtschaftlichen Erfolg erwarten lässt. Im Jahr 2013 betrug das gesamte Fördervolumen 89,20 Mio. Euro, wobei die Kinofilmförderung mit 31,10 ein gutes Drittel des Budgets ausmachte.[47]

Sehr fortschrittlich ist eine Neuerung seit Anfang 2014: Als eine der ersten Filmförderungen in Deutschland ermöglicht die *FFA* nämlich die ‚Digitale Antragstellung', womit der „Prozess von der Antragstellung über die Förderentscheidung bis hin zur Abwicklung von Fördermaßnahmen" in Zukunft „deutlich schneller, transparenter – und nicht zuletzt umweltschonender sein" wird. [48], wie die FFA auf ihrer Website verlauten lässt.

Filmförderung des Beauftragten der Bundesregierung für Kultur und Medien (BKM)

Die *Filmförderung des Beauftragten der Bundesregierung für Kultur und Medien (BKM)* ist die finanziell am stärksten ausgestattete und gleichzeitig älteste Filmförderung der Bundesrepublik. Die Institution vergibt seit 1951, damals noch vertreten durch das *BMI (Bundesministerium des Inneren)*, den Deutschen Filmpreis. Seit 1962 ist außerdem das Förderprogramm für Filmproduktionen und Drehbücher aktiv. 77,75 Mio. Euro standen 2013 für die Kinofilmförderung zu Verfügung und bilden somit den größten Posten im Haushalt des *BKM* (110,38 Mio. Euro betrug das gesamte Fördervolumen des *BKM* im Jahr 2013). Wie solide die Filmförderung des *BKM* ausgestattet ist, zeigt der Vergleich mit den regionalen Filmförderungen, deren Kinofilmförderung zusammen 86,05 Mio. Euro beträgt.[49] Gefördert werden vom *BKM* ausschließlich programmfüllende Spiel- und Dokumentarfilmprojekte ab 79 Minuten Länge, wobei der Förderhöchstbetrag maximal 250.000 Euro beträgt und eine öffentliche Vorführung in Filmtheatern bzw. Kinos voraussetzt.

In der ersten Förderrunde 2014 wurden sechs Dokumentarfilmproduktionen mit insgesamt 510.000 Euro durch das *BKM* gefördert. Das Gesamtfördervolumen 2014 für Film- und Drehbuchprojekte betrug 2 Millionen Euro, davon gingen 743.800 an Dokumentarfilmprojekte.[50] Das Budget des *BKM* teilt sich dabei auf in die Kinofilmförderung des *BKM* und in den *Deutsche Filmförderfonds (DFFF)*.

Deutsche Filmförderfonds (DFFF)

Die Gelder des *Deutschen Filmförderfonds (DFFF)* werden nicht durch ein Fördergremium vergeben, sondern jedem Produzenten automatisch gebilligt. Hierfür muss er die Förderkriterien des sogenannten ‚kulturellen Eigenschaftstests' erfüllen.

Der ‚Eigenschaftstest für Dokumentarfilme' ist ein zweiseitiges Formular, welches sich in zwei Teile gliedert: „A-Block: Kultureller Inhalt und kreative Talente" und „B-Block: Herstellung". Im ersten Teil muss der Produzent Fragen beantworten, ob Protagonisten dem deutschen Sprachkreis zuzurechnen sind, ob es sich um ein für Deutschland relevantes Thema handelt, ob die Originalfassung in deutscher Sprache erstellt wurde, ob sich der Film mit Minderheiten auseinandersetzt, ein historisches Ereignis der Weltgeschichte behandelt oder ein Thema von aktueller, gesellschaftlicher und kultureller Relevanz diskutiert. Im Bereich ‚Kreative Talente' vergibt der *DFFF* Punkte, wenn das beteiligte Team aus Deutschland oder dem Europäischen Wirtschaftsraum kommt. Der B-Block zur Herstellung fragt, welche Produktions- und vor allem Postproduktionsaufgaben in Deutschland ausgeführt werden und vergibt auch hierfür Punkte. Voraussetzung für eine Förderung ist, dass 27 von 52 Punkten aus beiden Kategorien erreicht werden.

EIGENSCHAFTSTEST FÜR DOKUMENTARFILME
» www.perm.ly/dac05

Ziel ist es laut *DFFF*, „(...) dass die Mittel unbürokratisch, transparent und berechenbar an Produzenten vergeben werden"[51]. Weitere Ziele sind offenbar, dass Produzenten sowie Themen aus Deutschland einen höheren Stellenwert in der dokumentarischen Arbeit erhalten und wirtschaftliche Strukturen in der deutschen Produktions- und Postproduktionslandschaft stärker gefördert werden.
Zwischen 2007 und 2012 agierte der *DFFF* mit einem Budget von jährlich 60 Mio. Euro. Ende 2012 wurde der *DFFF* nun allerdings um weitere drei Jahre verlängert und verwaltet bis Ende 2015 ein jährliches Budget von mittlerweile 70 Mio. Euro.[52] 2013 vergab der *DFFF* Zuschüsse in Höhe von 62,4 Millionen Euro an 115 Produktionen, wovon 26 Dokumentarfilme (Zuschüsse von 2,2 Mio. Euro) waren.[53] Insgesamt fördert der *DFFF* wohl um die 95 Prozent der eingereichten Anträge.[54]

Kuratorium junger deutscher Film (KJDF)
Das *Kuratorium junger deutscher Film (KJDF)* wurde 1965 als Verein gegründet und besteht seit 1982 als Stiftung, die gemeinsam durch

die Länder getragen wird.[55] Gefördert werden Spiel-, Dokumentar-, Animations- und Realfilme, jedoch keine Übungs- und Abschlussfilme. Das Ziel (auch für Dokumentarfilme) ist die Kinoauswertung bei einer Spieldauer von mindestens 59 Minuten. Die Höhe des Darlehens für den Produzenten beträgt bis zu 80 Prozent der Entwicklungskosten, höchstens jedoch 50.000 Euro für den Bereich Dokumentarfilm.[56]

Europäische Filmförderung

Auf europäischer Ebene bieten sowohl der Filmfonds *EURIMAGES* als auch *CREATIVE EUROPE*, welches seit 2014 die EU-Programme *KULTUR, MEDIA* und *MEDIA Mundus* zusammenfasst, Möglichkeiten zur Filmfinanzierung.

CREATIVE EUROPE
Das Programm *CREATIVE EUROPE* legt den Fokus auf die Entwicklung und den Vertrieb von europäischen Filmwerken sowie auf den Bereich Weiterbildung.

„Entwickelt im Jahr 1990, unterstützte das Programm *MEDIA* als zentrales Filmförderungsprogramm der Europäischen Union die audiovisuelle Industrie in 32 europäischen Ländern."[57] Mit *MEDIA 2007* lief nach *MEDIA I, II* und *MEDIA* Plus bis 2013 das vierte Filmförderprogramm aus, dessen Etat über die Jahre kontinuierlich stieg. Im Jahr 2013 betrug das Volumen 755 Mio. Euro für die Bereiche Vertrieb, Entwicklung und Weiterbildung.[58]

Seit 2014 werden die EU-Programme *MEDIA* mit *KULTUR* und *MEDIA Mundus* gemeinsam als *CREATIVE EUROPE* zusammengefasst. Das Gesamtbudget für *CREATIVE EUROPE* 2014 bis 2020 beträgt ca. 1.46 Mrd. Euro, und erhöht sich damit gegenüber dem Zeitraum 2007 bis 2013 um +25 Prozent. Die Aufteilung sieht 56 Prozent (ca. 820 Mio. Euro) für den audiovisuellen Bereich *MEDIA* vor und 31 Prozent (ca. 450 Mio. Euro) für das Sub-Programm *KULTUR*.

Der Schwerpunkt von *CREATIVE EUROPE* liegt in der Erschließung neuer Publikumsgruppen (‚Audience Building'). Innovative Ansätze zur Publikumsbindung und Filmvermittlung werden gesucht. Außerdem soll durch Professionalisierung und Internationalisierung die kulturelle Vielfalt Europas gewahrt und die Wettbewerbsfähigkeit seines Kultur- und Kreativsektors sowie seiner Filmbranche gestärkt werden.[59] Castendyk betont aber die relativ geringe Bedeutung diese Programms aufgrund „[...] der vergleichsweise geringen Summen, die auf jedes einzelne Projekt entfallen, der Vielzahl möglicher Antragsteller aus 27 europäischen Staaten und der Komplexität und Dauer des Antragsverfahrens [...]".[60] Die Förderung erfolgt als bedingt rückzahlbares Darlehen oder Subvention und darf maximal 50 Prozent der Gesamtkosten des Projektes betragen.[61]

EURIMAGES

Während sich *CREATIVE EUROPE* in erster Linie um die Entwicklung und den Vertrieb von europäischen Filmwerken kümmert, fördert *EURIMAGES* fast ausschließlich die Koproduktion von Kinofilmen.[62] Er besteht seit 1988 und basiert auf den freiwilligen Beitragszahlungen der 34 Mitgliedsstaaten.[63] Neben der Koproduktionsförderung, welche 90 Prozent des Fördervolumens ausmacht, werden noch Theater- und Verleihförderung angeboten. Voraussetzungen für die Gewährung des bedingt rückzahlbaren Darlehens von maximal 700.000 Euro sind die Koproduktion zweier Länder des *EURIMAGES* Verbands sowie ein Werk mit mindestens 70 Minuten Länge, in dem ein Europäer Regie führt.[64] Es bleibt festzuhalten, dass die Filmförderung in Deutschland durch eine Vielzahl an Einrichtungen vielfältige Unterstützungsmöglichkeiten für Produzenten bietet. Die Institutionen beteiligen sich an unterschiedlichen Etappen der Filmproduktion und sind von immenser Bedeutung für die Filmindustrie. Kritisiert wird vor allem die Fragmentierung der Förderung vor allem durch standortökonomische Gesichtspunkte, wodurch die Produzenten gefordert sind, gewisse Teile der Filmproduktion in die entsprechende Förderregion zu verlagern und somit den Regionaleffekt zu erreichen. Gleichzeitig wird eine stärkere Unterstützung in den Bereichen des Marketings, allen voran der Verleihförderung gewünscht.

Alternative Wege der Filmfinanzierung

Schon seit jeher suchen Produzenten nach alternativen Finanzierungswegen, die beim Spielfilm ‚Finanzierungsergänzungen' genannt werden.[65] Erfahrungen aus dem Spielfilmbereich sollen hier auf den Dokumentarfilm angewandt werden, um einzuschätzen, ob sie auch für den Dokumentarfilm gewinnbringend sein können. Außerdem sollen Institutionen vorgestellt werden, die Dokumentarfilmproduktionen jenseits der Filmförderungen und Sendeanstalten finanziell unterstützen.

Die Möglichkeiten, finanzielle Mittel für ein Dokumentarfilmprojekt zu akquirieren, sind vielfältig. So findet man Hinweise auf Filmemacher, die ihre Filme mit Hilfe von Partys, Merchandising, Sponsoring, dem Verkauf einzelner Frames des Films, Privatinvestoren und anderen unkonventionellen Ideen zu einem Teil – in einigen Fällen aber auch komplett – finanzieren konnten.

Unter dem Namen *ESoDoc*, abgekürzt für *European Social Documentary*, initiierte die *ZeLIG – school for documentary, television and new media* in Bozen im Jahr 2004 ein Workshop Programm, welches Dokumentarfilmer, NGOs, Filmemacher und Akteure im Bereich ‚neuer Medien' zusammenbringt, die gemeinsam an Projekten zu den Themen Menschenrechte und Umweltschutz arbeiten. Nicht selten kommt hierfür das Geld direkt von Organisationen und Initiativen, die auf diesen Gebieten aktiv sind und das Projekt mit ihren finanziellen Mitteln unterstützen. So gab es 2011 z.B. auf der Website von *ESoDoc* einen Aufruf von sieben wichtigen europäischen NGOs, gemeinsam 25.000 Euro für einen Dokumentarfilm ausschrieben, der eine alternative Perspektive auf das Thema ‚Energiesicherheit' präsentieren sollte.[66] Dieser Weg der Mittelbeschaffung wurde von

Produzenten bisher sicherlich noch nicht ausreichend beschritten, obwohl er sich für bestimmte Dokumentarfilmthemen sehr gut eignet. Durch die Zusammenarbeit mit *NGOs* können sich neben finanziellen Mitteln auch wichtige Kontakte zu Experten, Protagonisten sowie Zugang zu Recherchematerial ergeben, das für ein Dokumentarfilmprojekt unerlässlich sind.

Bildungseinrichtungen sind außerdem generell interessante Förderer von Dokumentarfilmen. Zwar wird in diesem Bereich häufig schon erfolgreich zusammengearbeitet, doch eine finanzielle Beteiligung von wissenschaftlichen Einrichtungen und Initiativen ist eher ungewöhnlich. Umso erstaunlicher als im Jahr 2011 das *Howard Hughes Medical Institute (HHMI)*, ein Zusammenschluss von Forschungslabors und gleichzeitig eine der vermögendsten Stiftungen der USA, verkündete, dass sie 60 Millionen US-$ in eine Dokumentarfilminitiative investieren werden, um hochqualitative Dokumentarfilme über wissenschaftliche Themen für das Fernsehen zu produzieren.[67] Der Vizepräsident des HHMI hob dabei vor allem die Bedeutung des Mediums Film und dessen Wirksamkeit bei der Wissensvermittlung hervor: „Film is the most powerful medium for bringing ideas, knowledge, and stories to life and communicating them to any audience."[68]

Da ansprechend gestaltete Dokumentarfilme wissenschaftliche Themen einer breiten Öffentlichkeit näherbringen können, sind solche Kooperationen zukünftig vermehrt denkbar. Die finanzielle Beteiligung von Bildungseinrichtungen ermöglicht dabei eine Produktion unabhängig von wirtschaftlich orientierten Filmförderungen.

Dass mitunter auch **Unternehmen außerhalb der Kulturwirtschaft** durchaus Interesse am Dokumentarfilm haben können, zeigt folgendes Beispiel: *Puma* rief drei Jahre lang jährlich den mit 5.000 Euro dotierten *Puma. Creative Catalyst Award* aus: eine ‚Entwicklungsförderung' für dokumentarische Stoffe, die sich mit *Pumas* Werten „safe, peace and creative" vereinbaren ließen.[69] Im Jahr 2012 wurde dieser Award aufgegeben und heute beteiligt sich *Puma* gemeinsam mit vielen weiteren Initiativen und Unternehmen am *Britdoc*

Impact Award, der jedes Jahr 15.000$ an fünf herausragende Dokumentarfilme vergibt.[70]

Eine weitere Verbindung von Film und Werbung zeigt folgendes Beispiel: 2011 feierte der Dokumentarfilm *Klitschko* seine Kinopremiere. Der Film zeichnet das Porträt der beiden boxenden Brüder und präsentiert erstaunlich häufig das Logo des Sponsors *McFit*. Neben seiner visuellen Präsenz im Film war *McFit* stark involviert in dessen Vermarktung. So bekamen *McFit*-Mitglieder verbilligte Kinotickets für den Film und konnten an unterschiedlichen Promotion-Aktionen teilnehmen. Außerdem zierten Models mit *McFit*-T-Shirts den Roten Teppich der Premiere und ein *McFit*-Fitnesscenter stellte die Location für die anschließende Aftershowparty mit zahlreichen Prominenten. Hier ergibt sich die Frage, inwiefern auch der Dokumentarfilm eine mögliche Plattform für **Product-Placement** sein kann. Im Spielfilm schon weit verbreitet, hat es dort zwei Funktionen: Aus Sicht der Filmproduzenten werden zum einen Gelder aufgrund der

Produktplatzierung eingenommen und zum anderen Mietaufwendungen für Geräte, Fahrzeuge usw. gespart. Bei ausschließlich kommerziellen Veranstaltungen oder Themengebieten, wie bspw. dem Profisport, steht Werbung oft im Mittelpunkt.

Doch auch bei anderen, viel überschaubareren Themen kann Werbung und ‚Product-Placement' an Bedeutung gewinnen, wie z.B. ein Posting auf der Karriereplattform *XING* im Jahr 2009 zeigt. Eine Userin berichtet über ein Dokumentarfilmprojekt, an dem sie gerade arbeite: „In dramaturgisch notwendigen Szenen tauchen immer wieder eine bestimmte Sportmarke, eine Getränkemarke sowie eine Mobilfunkmarke auf."[71] Sie fragt sich, ob sie die erwähnten Unternehmen von einem Sponsoring überzeugen könne, um ihnen die Werbung nicht umsonst zu liefern. Spurlock kombiniert damit das System ‚Product Placement' mit gekonntem ‚Selbstmarketing'.

Eine witzige und gleichzeitig transparente Auseinandersetzung mit dem Thema ‚Product Placement' findet sich in dem Dokumentarfilm The Greatest Movie Ever Sold von Morgan Spurlock. Spurlock, dessen massenkompatible und gleichsam spektakuläre Art Filme zu machen, spätestens seit seinem Film *Super size me* bekannt wurde, hatte das Ziel, einen sogenannten ‚Doc Buster', einen „Iron Man of documentaries" zu drehen. Allerdings sollte das Budget von 1,5 Mio. US-Dollar ausschließlich durch ‚Product Placement' zusammenkommen. Das gelang ihm, und es entstand ein Film, der Spurlock bei seiner Sponsoring- und Akquisetour begleitet und der Zuschauer am Ende die Orientierung verliert, was an dem Film ‚dokumentarische Moment' oder Werbung ist.

Dem Regisseur Carl A. Fechner gelang es, für seinen Film *Die 4. Revolution* das Budget von 1,5 Millionen Euro gänzlich ohne Filmförderung oder Fernsehgelder zu akquirieren. Verantwortlich für das Zusammenkommen der Summe war eine kombinierte Strategie aus **Sponsoring und Investment** sowie Crowdfunding. Die Produktionsfirma *fechnerMEDIA* gewann eine Einzelperson als Investor von 550.000 Euro und ein Unternehmen für Anlagen erneuerbarer

Energiequellen als Hauptsponsor (150.000 Euro)[72]. Außerdem konnte eine Reihe weiterer Unternehmen als Sponsoren gewinnen, die mindestens 20.000 Euro in den Film investierten, sowie viele einzelne Unterstützer.[73] Interessant an diesem Beispiel: *fechnerMEDIA* gelang es, vor allem Unternehmen aus dem Bereich alternativer Energien anzusprechen und zur Unterstützung zu bewegen. Verbunden mit diesem Umstand entsteht die Frage, wie unabhängig und kritisch ein Film sein kann, wenn er durch solch hohen Finanzierungsbeteiligungen erst ermöglicht wurde. Schließlich sollte es diesbezüglich keine Probleme geben, wenn der ‚Final Cut' beim Produzenten liegt und dies auch vertraglich so mit den Geldgebern festgehalten wurde. Positiv bleibt anzumerken, dass *fechnerMEDIA* aus der Finanzierung keinen Hehl macht, sondern die finanzielle Beteiligung der Unternehmen transparent darstellt.

Keil und Eder nennen zudem Finanzierungsergänzungen wie Literatur, Soundtrack sowie ‚**Merchandising'**. Auch dies sind Möglichkeiten, dem Dokumentarfilm weitere finanzielle Mittel zuzuführen, obwohl die erwirtschafteten Erträge nicht annähernd an die Umsätze von spielfilmbezogenem ‚Merchandising' reichen. Doch alle Dokumentarfilme, die eine klar definierte, personenstarke Zielgruppe haben, wie bspw. umweltpolitische Themen können eine T-Shirt-Serie mit bestimmten Slogans neben Umsatz auch Aufmerksamkeit bringen. Ähnlich kann die Veröffentlichung eines Fachbuches, welches den Inhalt des Dokumentarfilms vertiefend erläutert, mit Sicherheit ein gewisses Publikum ansprechen. Ob dadurch jedoch ein relevanter finanzieller Mehrwert entsteht und entscheidend zur Finanzierung bzw. Refinanzierung von Dokumentarfilmproduktionen beitragen kann, bleibt zu bezweifeln.

Auf der anderen Seite ermöglicht die **Rückstellung** eine Art der ‚indirekten Förderung'. Bezogen auf die Crew bedeutet das, dass Mitarbeiter einer Filmproduktion so lange auf ihre vertraglich festgelegte Gage verzichten, bis der Film Gewinne einspielt. Das Risiko liegt nun nicht mehr allein beim Produzenten, sondern bei jedem, der am Film beteiligt war. Rückstellungen sind überall dort möglich, wo innerhalb einer Produktion Kosten entstehen, die im Rahmen der Produktion meistens nur prozentual und bei Erfolg dann komplett bezahlt werden.

Bei Spielfilmen hat die Finanzierung von Produktionen durch ‚**Film- und Medienfonds**' viel Potenzial. Die erstaunlichen Kinoerfolge einiger Dokumentarfilme mit Zuschauerzahlen im Millionenbereich beweisen, dass auch höhere Investitionsvolumina durchaus Renditechancen bieten können.

Zusammenfassend kann man feststellen, dass sich im Zuge der Dokumentarfilmproduktion die Zusammenarbeit überall dort anbietet, wo inhaltliche Überschneidungen bestehen. So können Interessenverbände, Kulturinitiativen (beispielsweise das *Goethe-Institut*) oder interessierte Privatpersonen neben finanzieller Unterstützung auch Expertenwissen und Erfahrung beisteuern. Gleichzeitig tragen sie als Multiplikatoren das Projekt in die Öffentlichkeit und erhöhen dadurch die Chancen auf eine erfolgreiche Distribution mit hohen Zuschauerzahlen.

B2 KLASSISCHE DISTRIBUTION

B

Zum Schutz der verschiedenen Verwertungsstufen sind im *Filmförderungsgesetz (FFG)* bestimmte Sperrfristen für alle Kinofilme gesetzt, die auf Bundes- oder Regionalebene Fördergelder erhalten haben. Der Großteil der Kinodokumentarfilme feiert auf Filmfestivals Premiere, da sie dort durch Preise und Kritiken ein hohes Maß an öffentlicher Wahrnehmung erfahren. Anschließend folgt die Kinoauswertung mit Premieren und einer hoffentlich langen Laufzeit in so vielen Städten wie möglich. Im besten Fall sogar international. Frühestens sechs Monate nach Beginn der regulären Erstaufführung im Kino folgt dann die Bildträgerauswertung (DVD oder/und Blu-Ray). Weitere drei Monate später darf der Film im Internet über VoD (entgeltliche Videoabrufdienste) ausgewertet werden. Anschließend, insgesamt 12 Monate nach der regulären Erstaufführung im Kino, erscheint der Film dann erstmalig im Bezahlfernsehen/Pay-TV und sechs weitere Monate später im frei empfangbaren Fernsehen und auf unentgeltlichen Videoabrufdiensten (Mediatheken). An diesem Punkt liegt die reguläre Kino-Erstaufführung bereits 1 ½ Jahre zurück.

Filmfestivals, Märkte & Filmpreise

Festivals

Laut der *Interessenvertretung europäischer Filmfestivals (ECFF)* gibt es heute 800 Filmfestivals in Europa.[74] Laut Stephen Follows *The Truths Behind Film Festivals* waren es weltweit sogar 1.735 Filmfestivals, die innerhalb der letzten zwölf Monate mindestens ein Mal stattfanden.[75]

Neben Größe, Renommee und Geschichte unterscheiden sie sich vor allem im Programm. Deshalb können Dokumentarfilme auf zwei Arten von Filmfestivals gefunden werden. Zum einen gibt es Filmfestivals, die sich auf kein bestimmtes Genre spezialisiert haben, dem Dokumentarfilm meist aber eigene Programme, Wettbewerbe und Reihen widmen. Auf der anderen Seite gibt es Dokumentarfilmfestivals, die ausschließlich Dokumentarfilme präsentieren und einen Überblick über die unterschiedliche Themen und Formen des dokumentarischen Genres liefern. Damit verbunden sind wichtige Preise, Preisgelder und öffentliche Wahrnehmung.

Heute gibt es weltweit 21 international bedeutende Dokumentarfilmfestivals:

Deutschland:
» DUISBURG, Duisburger Filmwoche
» KASSEL, Kasseler Dokumentarfilm- und Videofest
» LEIPZIG, Internationales Leipziger Festival für Dokumentar- und Animationsfilm
» MÜNCHEN, DOK.fest München

International:
» AMSTERDAM (NL), International Documentary Film Festival Amsterdam (IDFA)
» CHICAGO (USA), Chicago International Film Festival
» FLORENZ (I), Festival dei Popoli

» JIHLAVA (CZ), Jihlava International Documentary Film Festival
» LISSABON (P), doclisboa International Documentary
Film Festival
» LJUBLJANA (SLO), Documentary Film Festival
» MARSEILLE (F), International Documentary Film Festival
» MONTREAL (CAN), Montreal International
Documentary Festival
» NYON (CH), Visions du Réel
» PARIS (F), Cinéma du Réel
» SHEFFIELD (GB), Sheffield International Documentary Festival
» SYDNEY (AUS), Sydney Film Festival
» TEL AVIV (ISR), DocAviv International Documentary Festival
» TORONTO (CAN), Hot Docs – Canadian International
Documentary Film Festival
» WARSCHAU (PL), Docs against Gravity Film Festival
(ehem. PLANETE+ Doc Fest)
» WASHINGTON DC (USA), Silverdocs Film Festival
» YAMAGATA (JAP), Yamagata International Documentary
Film Festival

In Deutschland gehören die genannten Festivals zu den ältesten und gleichzeitig renommiertesten Dokumentarfilmfestivals. Alle diese Festivals haben gemein, dass sie neben dem filmischen Rahmenprogramm sowie diversen Sonderprogrammen zusätzlich Workshops, Vorträge und Podiumsdiskussionen bieten, die als Weiterbildungs- und Kommunikations-Plattform für die Szene dienen.

Die Festivalleitung stellt aus den Einsendungen nach eigenem Ermessen das Festivalprogramm zusammen, welche es dem interessierten Publikum präsentiert. Sie sorgt dafür, dass „[...] Filme verbindlich und begründbar gut ausgewählt werden."[76] Oft ist die Filmauswahl nicht einfach und die Festivals werden gerade bei der Programmgestaltung teilweise mit erheblichen Zwängen konfrontiert. Hermann Barth, ehemaliger Leiter des *DOK.fest München*, erklärte, dass neben staatlicher & kultureller Förderung, mittlerweile die Hälfte seines Festivaletats aus Sponsorengeldern sowie den Eintrittsgeldern bestehe. Ähnlich wie das Fernsehen auf die Quote schaue, so sei er deshalb gezwungen, Filme auch danach auszuwählen, welche Einnahmen sie voraussichtlich erzielen werden. Dies hat zur Folge, dass experimentelle Filme fast keine Chance mehr haben, in München angenommen zu werden. Das *DOK Leipzig* dagegen vertritt den Anspruch, seinem Publikum ein Programm zu präsentieren, welches es im Fernsehen so nicht zu sehen bekommt und teilweise auch nicht im regulären Kinoprogramm erscheinen wird. Deshalb werden in Leipzig keine Fernsehdokumentationen gezeigt, obwohl diese häufig eingereicht werden.

Attraktiv sind für Filmemacher vor allem die Preise und die damit verbundenen Preisgelder sowie Öffentlichkeitsarbeit und Marketing, welches die Filme im Rahmen des Festivals fast automatisch erfahren. Der Marketingeffekt muss jedoch nicht nur positiv sein, denn die Premiere eines Filmes auf einem Festival birgt auch immer die Gefahr, dass die Zuschauer – oftmals sind die Zuschauerzahlen während eines Festivals sehr hoch – später beim eigentlichen Kinostart nicht mehr als zahlende Gäste kommen und dadurch die Einnahmen an der Kinokasse fehlen. Außerdem kommt es vor, dass die Presse einen Kinostart nicht erneut aufgreift, wenn die Berichterstattung während des Festivals schon lief. Von daher gibt es Festivals, die den Produzenten einen Betrag für das Screening eines Films im Rahmen des Festivals zahlen, um diese Risiken ansatzweise auszugleichen. Die gezahlten Beträge belaufen sich jedoch auf lediglich 250 bis 350 Euro.[77]

Besondere Bedeutung für die Dokumentarfilmszene in Deutschland hat das *DOK Leipzig*. Seit 2006 hat sich die Zahl der eingereichten Produktionen um über 20 Prozent auf insgesamt 2.350 im Jahr 2014 erhöht, wobei davon lediglich 339 Animationsfilme, dafür aber 1.931 Dokumentarfilme waren.[78] Aus dieser riesigen Anzahl an Einsendungen stellt die Auswahlkommission ein ausgewähltes

Programm zusammen. Im Jahr 2014 wurden auf dem *DOK Leipzig* insgesamt 368 Filme in unterschiedlichen Wettbewerben und Reihen präsentiert. Besondere Bedeutung haben jedes Jahr die Preise in den Wettbewerben: 2014 wurden Preisgelder in Höhe von 66.500 Euro vergeben (2011: 71.500 EUR).[79]

Sehr beliebt ist das Festival auch bei den Zuschauern, was die seit Jahren steigenden Besucherzahlen zeigen. 2014 waren es 42.000 Zuschauer sowie 1.750 Fachbesucher.[80]

Für Preise und Erfolge bei Festivals vergibt die *Filmförderungsanstalt (FFA)* Referenzgelder. Folgende Festivals und Preise sind dabei von Relevanz: 200.000 Punkte für den Hauptpreis sowie 100.000 Punkte für die Nominierung gibt es beim *Deutschen Filmpreis, dem Academy Award (Oscar)* und dem Wettbewerbshauptpreis auf den Filmfestivals in Cannes, Berlin, Venedig. 50.000 Punkte erhalten Dokumentarfilme für die Wettbewerbsteilnahme beim *Int. Documentary Film Festival Amsterdam*, bei dem *Marseille Int. Documentary Film Festival*, beim *Hot Docs – Canadian Int. Documentary Festival*, dem *Yamagata Int. Documentary Film Festival* sowie beim *Sydney Film Festival* und beim *DOK Leipzig*.[81] Die Referenzgelder können im Anschluss für die Produktion eines neuen Projekts genutzt werden.

Märkte & Messen

Für Filmproduzenten sind neben den eigentlichen Festivals die sogenannten Filmmessen und Programmmärkte interessant. Sie dienen den Anwesenden dazu, Kontakte zu knüpfen und Filme zu sichten. Verleiher können in diesem Rahmen Verträge abschließen, um die Rechte für internationale Kino- und/oder Fernsehdistribution sowie Auswertung auf dem Home-Entertainment-Markt zu erwerben. In Europa finden jährlich 13 dieser Messen statt, welche mehrheitlich parallel zu den Dokumentarfilmfestivals laufen: Dazu gehören Sheffield, Amsterdam, Toronto und Prag. Die beiden größten Branchenveranstaltungen sind die *MIPTV* und *MIPDoc* in Cannes. *MIPTV* ist die weltweit größte kommerzielle TV-Messe mit 1.800 Ausstellern

(Produktionsfirmen, Fernsehsender, Vertriebsfirmen und Verbände) aus der ganzen Welt. Auf der *MIPDoc*, welche ausschließlich dokumentarische Formate präsentiert, sind ca. 300 internationale Redakteure anwesend, welche auf 1.700 bis 2.000 Produzenten treffen.[82] Claas Danielsen, bis 2014 Leiter des *DOK Leipzig*, versuchte seit 2004 auch sein Festival als Branchentreffpunkt zu etablieren. Auf dem *DOK Market* können sich Fernseheinkäufer, Verleiher und Vertriebe nach Filmen umschauen. Außerdem ermöglicht das Koproduktionstreffen die Suche nach Produzenten für Folgeprojekte. Leider haben die Sender in den letzten zwei Jahren immer weniger Interesse am Ankauf fertiger Werke. Die einzige Ausnahme scheinen Filme in den Bereichen Aktuelles, Wildlife, Natur und Geschichte zu sein, welche durch etablierte Vertriebe noch teilweise verkauft werden, wobei die oft geringen Preise für die fertigen Werke kritisiert werden.

Filmpreise

Außerdem gibt es eine Reihe von Festival-unabhängigen Filmpreisen, die für Filmemacher eine wichtige finanzielle Bedeutung haben. So verkündete der damalige Kulturstaatsminister Bernd Neumann zur Eröffnung des *DOK Leipzig* im Oktober 2011 einen neuen Filmpreis für Dokumentarfilme: „Um der Bedeutung des Dokumentarfilms auch beim Deutschen Filmpreis besser gerecht zu werden, haben wir eine dritte, mit 100.000 Euro dotierte Nominierung in der Kategorie ‚Bester Dokumentarfilm' eingeführt."[83] Zusätzlich erwähnenswert sind der *Europäische Filmpreis*, der 2014 an *Master of the Universe* ging, sowie der *Hessische Filmpreis* mit 15.000 Euro Preis- und 5.000 Euro Nominierungsgeld für Dokumentarfilme. Ein weiterer bedeutender Filmpreis ist der *Bayerische Filmpreis*, der im Bereich ‚Dokumentarfilm' seit 1989 vergeben wird und mit 10.000 Euro dotiert ist. 2014 ging der Preis an Leopold Grün und Dirk Uhlig für den Film *Am Ende der Milchstraße*[84], *2015 an* Nadav Schirman für *The Green Prince*, eine Ko-Produktion des *Bayrischen Rundfunks*.[85]

Kino

Im Gegensatz zu Filmfestivals, die vor allem der Präsentation von Filmen und den verantwortlichen Filmschaffenden dienen, geht es bei der Kinoauswertung des Films vornehmlich um finanzielle Interessen. Auf Grundlage der Besucherzahlen, die ein Film im Kino erreicht, wird in der Regel entschieden, ob ein Film als ,erfolgreich' oder ,nicht erfolgreich' bewertet wird.

Der Kinomarkt

Im Jahr 2014 besuchten 121,7 Mio. Menschen (2010: 126,6 Mio.) in Deutschland das Kino und generierten dabei einen Umsatz von 979,7 Mio. Euro (2010: 920,4 Mio. Euro). Mit 4.637 Kinosälen (2010: 4.699) bleibt die Kinolandschaft in Deutschland weiterhin vielfältig, obwohl sie seit dem Jahr 2008 einen Rückgang um knapp vier Prozent zu beklagen hat.[86]

Der Dokumentarfilm im Kino

Jedes Jahr feiern mehr Dokumentarfilme ihre Kinopremiere und vergrößern damit kontinuierlich den Anteil von Dokumentarfilmen am gesamten Filmangebot: Umfasste der Dokumentarfilm Mitte der 1990er-Jahre noch weniger als 10 Prozent des gesamten Filmangebots, waren es 2006 schon fast 20 Prozent und 2010 war sogar jeder vierte Film ein Dokumentarfilm.[87] Vergleicht man die erstaufgeführten deutschen Filme im Jahr 2013, waren knapp ein Drittel (32,7 Prozent) Dokumentarfilme.[88] Neben 150 Spielfilmen starteten also 73 Dokumentarfilme aus Deutschland neu im Kino.

In der Literatur wird deshalb auch vom ,Doku-Boom' in den deutschen Kinos gesprochen, den die Chefin des *Ventura Verleihs*, Heidrun Podszus, im Zusammenhang mit dem Rückzug des Fernsehens aus der Förderung und der Präsentation langer Dokumentarfilm-Formate seit Ende der 1990er-Jahre sieht. Obwohl der Dokumentarfilm demnach immer präsenter in den Kinos und als Genre immer stärker mit dem deutschen Film verbunden wird, zieht er aber nach wie vor deutlich weniger Zuschauer an als der Spielfilm.

Tab. 1: Erstaufgeführte deutsche Filme im Fünfjahresvergleich					
Jahr	2009	2010	2011	2012	2013
Filmstarts gesamt	216	189	212	220	223
Spielfilme	144	119	132	149	150
Dokumentarfilme	72	70	80	71	73
internationale Koproduktionen	77	72	80	82	88
Besucher aller dt. Filme (Mio.)	39,9	20,9	27,9	24,0	33,6
dt. Marktanteil	27,4%	16,8%	21,8%	18,1%	26,2%

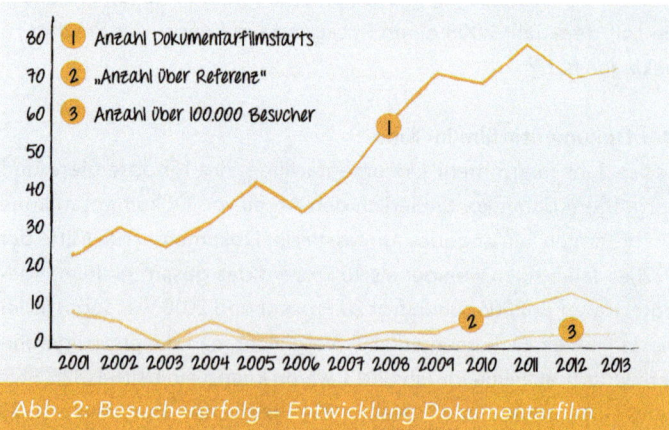

Abb. 2: Besuchererfolg – Entwicklung Dokumentarfilm

Im Kinojahr 2013 sahen insgesamt 1,2 Mio Zuschauer einen Dokumentarfilm in den deutschen Kinos (einschließlich Koproduktionen). Dies entspricht einem Anteil von 3,6 Prozent und damit einem leichten Rückgang gegenüber 2012 (5,3 Prozent).[89] Vergleicht man jedoch das Verhältnis von Kinostarts und Zuschauerzahlen, muss festgestellt werden, dass trotz Anstieg der Dokumentarfilm-Kinostarts die

Zuschauerzahlen dennoch ungefähr konstant bleiben. Somit starten zwar mehr Dokumentarfilme im Kino, doch auf sie teilt sich die gleiche Zahl an Zuschauern auf. Deshalb kommt es nicht selten vor, dass ein groß beworbener Kinodokumentarfilm mit interessantem Thema trotz erfolgreich involvierter Film- und Fernsehförderung sowie Fernsehbeteiligung dennoch an der Kinokasse lediglich 300 Zuschauer erreicht.

Die TOP 10 Dokumentarfilme

Tab. 2: TOP 10 der erfolgreichsten internat. Dokumentarfilme				
Rang und Filmtitel	Land/ Länder	Start	Verleiher	Besucher
1. Deutschland: Ein Sommermärchen	D	05.10.06	Kinowelt	3.961.391
2. Unsere Erde	D, GB	07.02.08	Universum	3.836.423
3. Die Reise der Pinguine	F	13.10.05	Kinowelt	1.473.049
4. Michael Jackson's This Is It	USA	28.10.09	Sony	1.310.889
5. Bowling For Columbine	USA, D, CDN,	21.11.02	Prokino	1.229.271
6. Fahrenheit 9/11	USA	29.07.04	Falcom Media	1.058.879
7. Nomaden der Lüfte	D, E, F, I	04.04.02	Kinowelt	858.407
8. Deep Blue	GB, D	29.01.04	Kinowelt	814.191
9. Rhythm Is It!	D	16.09.04	Piffl Medien	660.061
10. Unsere Ozeane	F	25.02.10	Universum	584.850

Um die erfolgreichsten Dokumentarfilme in Deutschland einordnen zu können, verschafft ein entsprechender internationaler Vergleich Klarheit. Unter den Top 10 der internationalen Dokumentarfilme, welche zwischen 2001 und 2010 hierzulande im Kino zu sehen waren, findet man lediglich zwei Produktionen aus Deutschland. Außerdem können vier Koproduktionen mit deutscher Beteiligung sowie vier ausländische Produktionen festgestellt werden. Nur sechs Dokumentarfilme wurden innerhalb von zehn Jahren von über einer Million Kinozuschauer gesehen. Insgesamt zählten diese zehn Filme 15,8 Mio. Kinobesucher.[90]

Tab. 3: TOP 10 der erfolgreichsten deutschen Dokumentarfilme				
Rang und Filmtitel	Land/ Länder	Start	Verleiher	Besucher
1. Deutschland: Ein Sommermärchen	D	05.10.06	Kinowelt	3.961.391
2. Unsere Erde	D, GB	07.02.08	Universum	3.836.423
3. Bowling For Columbine	USA, D, CDN,	21.11.02	Prokino	1.229.271
4. Nomaden der Lüfte	D, E, F, I	04.04.02	Kinowelt	858.407
5. Deep Blue	GB, D	29.01.04	Kinowelt	814.191
6. Rhythm Is It!	D	16.09.04	Piffl Medien	660.061
7. Die Geschichte vom weinenden Kamel	D	08.01.04	Prokino	365.178
8. Die Höhle des gelben Hundes	D	28.07.05	X Verleih	242.179
9. Höllentour	D	10.06.04	NFP	207.822
10. Die große Stille	D	10.11.05	X Verleih	201.966

Die erfolgreichsten deutschen Dokumentarfilme, welche mehr als eine Million Zuschauer zählten, waren *Deutschland, ein Sommermärchen* (3,96 Mio. Zuschauer) gefolgt von vier Koproduktionen, wie *Unsere Erde* (3,84 Mio.), *Bowling for Columbine* (1.23 Mio.), *Nomaden der Lüfte* (858.407) oder *Deep Blue* (814.191)[91] Ein Film, der in dieser Liste nicht zu finden ist, da er nach 2010 erschien, ist die Tanzdokumentation *PINA* von Wim Wenders. Der Film erreichte 513.154 Zuschauer und ist damit nicht nur in der öffentlichen Wahrnehmung, sondern auch an den Kinokassen erfolgreich gewesen.[92] Doch all diese Filme sind Ausnahmeerfolge: Dass ein Dokumentarfilm über 500.000 Zuschauer in die hiesigen Kinos lockt, ist leider weiterhin eine Seltenheit.

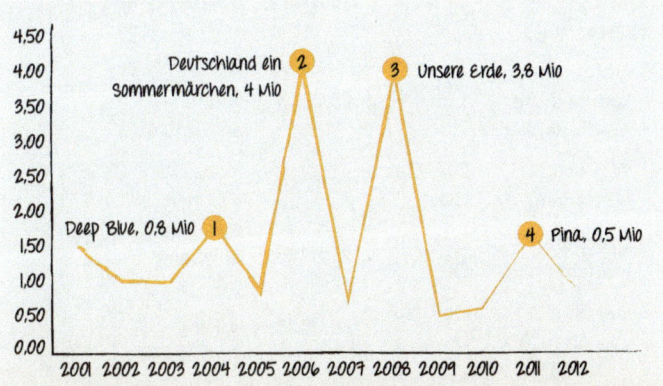

Abb. 3: Besuchererfolg – Zuschauer Dokumentarfilme

Tab. 4: Dokumentarfilme im Kinojahr 2013				
Platz und Titel	**Subgenre, Land**	**Start**	**Verleiher**	**Bes. 2013, Bes. ges.**
36 More than Honey	Dok-Na CH, D, A	08.11.12	Senator	145.602 185.002
39 Vergiss mein nicht	Dok-Bio D	31.01.13	farbfilm	114.503 114.503
44 Alphabet	Dok-Ges A, D	31.10.13	Pandora	105.639 105.639

51	Die Ostsee von oben	Dok-Na D	23.05.13	comfilm	92.133 92.133
52	Die Alpen von oben	Dok-Na D	12.09.13	Alamode	90.469 90.469
53	Die Nordsee	Dok-Na D	18.04.13	polyband	88.528 88.528
66	Die mit dem Bauch tanzen	Dok-Ges D	20.06.13	Zorro	44.704 44.704
68	Das grüne Wunder – unser Wald	Dok-Na D	13.09.12	polyband	44.250 164.424
73	Gold – Du kannst mehr als du denkst	Dok-Spo D	28.02.13	NFP	37.661 37.661
91	Winternomaden	Dok-Ges CU, F, D	20.12.12	Neue Visionen	20.598 24.973
95	Drachenmädchen	Dok-Spo D	28.02.13	polyband	18.233 18.233
96	Die Elbe von oben	Dok-Na D	28.03.13	imFilm	18.143 18.143

Um dies entsprechend einordnen zu können, lohnt daher ein Blick auf die Kinozuschauerzahlen des Jahres 2013, wo der erfolgreichste Dokumentarfilm *More than honey* erst an 36. Stelle aller Kinostarts zu finden ist. Er erreicht im Jahr 2013 aber immerhin 145.602 Zuschauer (185.002 Zuschauer insgesamt).

Erfolgreiche Themen

Es scheint offenbar eine Verbindung zwischen Zuschauererfolg und Filmthema zu geben. Sönke Wortmann schaffte mit *Deutschland, ein Sommermärchen* einen Blick hinter die Kulissen der deutschen Fußballnationalmannschaft während der WM 2006. Offenbar gelang es ihm damit, die kollektive nationale Begeisterung während der Fußballweltmeisterschaft zu reaktivieren und entsprechende Zuschauerzahlen in deutschen Kinos zu erzielen.

Auch das Thema ‚Natur' erfreut sich im Kino größter Beliebtheit. Fünf der TOP 10 internationale Dokumentarfilme (2001 bis 2010) widmeten sich diesem Themengebiet und erreichten damit über 500.000 Kinozuschauer. Auch im Jahr 2013 befassten sich sechs der zwölf erfolgreichsten Dokumentarfilme hiermit. Besonders die Aufnahmen aus der Luft, wie *Die Ostsee von oben*, *Die Alpen von oben* und *Die Elbe von oben* wussten zu begeistern und konnten zwischen 18.000 und 92.000 Zuschauer ins Kino locken.

Klaus Stanjek analysierte in einem Forschungsprojekt an der *Filmuniversität Babelsberg Konrad Wolf* Kinodokumentarfilme von 1980 bis 2006 und stellte fest, dass das Publikum im Laufe dieser Zeit vor allem an den Themen Soziales, Natur, Gesellschaft, Politik, Kunst und Musik besonders interessiert war, während Religion und, Geschichte von erheblich weniger Filmen thematisiert wurden. Stanjek erklärt sich den Erfolg von Naturfilmen allerdings nicht ausschließlich in den spektakulären Aufnahmen und der aufwendigen technischen Umsetzung. Vielmehr scheinen für ihn gesellschaftliche Gründe dafür verantwortlich, warum Tier- und Naturfilme seit 1996 das Publikum besonders begeistern. Er vermutet, dass in einer Zeit von allgemeiner Verunsicherung eher Natur- und Tierfilme und damit Themen, die nicht auf unsere Alltagssorgen Bezug nehmen, erfolgreich sind. Fakt ist jedoch auch, dass in Naturdokumentationen regelmäßig die Film- und Videotechnik an ihre Grenzen gebracht wird und dadurch spektakuläre Aufnahmen entstehen, die es in keinem anderen dokumentarischen Genre so zu bestaunen gibt, wie bspw. Superzeitlupe, Superteleobjektive und Dronen- & Helikopteraufnahmen.

In den letzten Jahren sind die Inhalte der Kinodokumentarfilme in Deutschland vielfältiger geworden. Produktionsfirmen und Verleiher haben das Potenzial von speziellen Zielgruppen entdeckt, und so haben auch Dokumentarfilme über gesellschaftliche und politische Themen ihren Weg zurück in die Kinos gefunden.

Der Weg des Dokumentarfilms ins Kino

Die Bedeutung des Verleihs ist nach wie vor sehr hoch. Viele Filmförderungen verlangen einen Verleihervertrag, der bestätigt, dass der Film fürs Kino vorgesehen und vom Verleiher dort herausbringen wird. Anders als beim Spielfilm kommt es bei Dokumentarfilmprojekten allerdings sehr selten zur Zahlung der Verleihgarantie im Vorfeld der Produktion. Laut Kay Hoffmann, Studienleiter im Bereich Wissenschaft im *HAUS DES DOKUMENTARFILMS*, werden im Fall einer zugesprochenen Verleihgarantie „[...] für deutsche Dokumentarfilme zwischen nichts und 50.000 Euro bezahlt, bei internationalen Dokumentarfilmen mit einem erwartbaren hohen Potential, beispielsweise eines hohen Einspiels im Ausland, können auch sechsstellige Garantiesummen gefordert werden."[93]

Die renommiertesten Arthaus-Verleiher, die regelmäßig Dokumentarfilme ins Kino bringen, sind:

» *Arsenal Filmverleih*,
» *Piffl Medien*,
» *Neue Visionen Filmverleih*,
» *Real Fiction Filmverleih*,
» *GMfilms*,
» *Ventura Film*,
» *Edition Salzgeber & Co. Medien*.

Groß starten...

Um einem Dokumentarfilm im Kino eine große öffentliche Aufmerksamkeit und hohe Zuschauerzahlen zu ermöglichen, sollte er bereits am Startwochenende in möglichst vielen Kinos aufgeführt werden. Denn die Kopienanzahl bestimmt maßgeblich den Erfolg eines Dokumentarfilms. So ist davon auszugehen, dass ein Film, der über einen längeren Zeitraum in weniger als zehn Kinos gespielt wird, nur mit großer Mühe 50.000 Kinozuschauer erreichen wird. Die Gründe hierfür liegen unter anderem in der stark verkürzten Auswertungszeit und dem verstärkten Konkurrenzangebot, unter dem vor allem

Dokumentarfilme heute zu leiden haben.[94] Es ist nach Stanjek deshalb nicht verwunderlich, dass acht der Top 10 Dokumentarfilme durch besonders hohe Kopienzahlen auffielen.[95]Doch auch Dokumentarfilme, die nicht direkt am Startwochenende durch besonders hohe Besucherzahlen[96] überzeugten, erreichen dafür teilweise über einen längeren Zeitraum pro Kopie ein großes Publikum.[97] Als Beispiel nennen Stanjek und Londershausen den Musikdokumentarfilm *Rhythm is it!*, der mit durchschnittlichen 31 Kopien startete, die dann auf 50 erhöht wurden und erst nach 27 Wochen ein Rückgang auf einen Besucherschnitt von unter 100 Zuschauer pro Kopie verzeichnet wurde. Doch ab diesem Zeitpunkt sahen ihn immer noch 150.000 Zuschauer und entsprechend lief er auch ein Jahr nach seiner Premiere noch mit 40 Kopien im Kino.[98]

Doch nicht nur für den Verleiher sind hohe Besucherzahlen wichtig. Auch für den Produzenten, der erst zu einem sehr späten Zeitpunkt von der Kinoauswertung profitiert,[99] bieten die Referenzmittel der Filmförderungsanstalt *FFA* eine weitere Finanzierungsquelle. Erreicht nämlich ein Dokumentarfilm die Marke von 25.000 Kinozuschauern[100], werden dem Produzenten Referenzmittel gezahlt. Diese werden auf einem Konto gutgeschrieben und können für das nächste Projekt als finanzielle Grundlage genutzt werden. 2012 zahlte die *FFA* 124.244 Euro an vier Dokumentarfilme als Referenzmittel für erfolgreiche Kinopräsentationen und Festivalerfolge.[101]

Doch die Zunahme an dokumentarischen Kinoproduktionen trifft nicht nur auf Zustimmung. Schon im Jahr 2007 waren die Anwesenden im Rahmen eines Podiumsgesprächs des Branchentreffs *DOKVILLE* der Meinung, dass es jährlich zu viele Kinoproduktionen gäbe. Dazu die Verleiherin Heidrun Podszus: „Wir haben nicht nur ständig mehr Dokumentarfilme im Kino, sondern eindeutig zu viele. [...] Seit ungefähr zwei Jahren antwortet mehr als jedes zweite Arthaus: Wir zeigen sowieso schon zu viele Dokumentarfilme. [...] Damit ein Dokumentarfilm das Zeug hat, im Kino irgendeine Spur zu hinterlassen, muss er ein interessantes Thema haben, muss visuell interessant sein und er muss eine Zielgruppe haben."[102] Einen zunehmenden Einfluss auf die gesamte Verwertungsstufe Kino hat die Umrüstung der Kinosäle auf digitale Abspiel- und Projektionstechnik. Die digitale Projektion via DCP ist für viele Dokumentarfilme eine neue kostengünstige Möglichkeit, auch ohne 35mm-Kopie und Verleiher einen Weg in die Kinos und dadurch zum Publikum zu finden. Für viele Dokumentarfilmer bedeutet dies das letzte Puzzlestück des digitalen Workflows: Digital drehen – digital montieren – digital vorführen! Eine selbstorganisierte Premiere mit anschließender Kinotour wird so immer einfacher und ermöglicht es somit auch kleinen ‚Low-Budget-Produktionen', im Kino gezeigt zu werden.

Home-Entertainment (DVD & Blu-Ray)

DVD-Markt

Wie erfolgreich die DVD auf dem Markt tatsächlich ist, zeigen konkrete Zahlen von 2012: Die diesem Jahr wurden in Deutschland 89,4 Mio. DVD-Einheiten verkauft und damit ein Umsatz von 1,021 Mrd. Euro erzielt. Verglichen mit 2009 ist dies zwar ein leichter Rückgang von 160 Mio. Euro; das Ergebnis bleibt jedoch weiterhin beachtenswert. Insbesondere auch verglichen mit den Einspielergebnissen des Kinos, die mit 920 Mio. Euro knapp ein Viertel hinter den DVD-Einnahmen liegen. Ausgeglichen wird der Rückgang durch ein mit der klassischen DVD konkurrierendes Medium: Seit ihrer Markteinführung im Jahr 2007 ermöglicht die Blu-Ray mit größerem Speicherplatz das Abspielen von Filmen in HD und 3D fernab des Kinos. Die Verkaufszahlen der Blu-Ray steigen stetig und lagen 2012 bei 343 Mio. Euro für 23 Mio. Einheiten.[103]

Der DVD-Markt ist und bleibt sehr vielfältig: 2011 erschienen fast 7.100 neue Titel auf DVD und 2.300 auf Blu-Ray. Somit sind derzeit mehr als 42.500 unterschiedliche DVDs und 5200 Blu-Ray-Discs auf dem deutschen Markt zum Kauf erhältlich.[104] Nicht unerheblich ist und bleibt der Verleihmarkt. Die deutschen Videotheken setzten zusammen im Jahr 2010 243 Mio. Euro um. Zwar fallen seit 2005 die Umsätze für DVDs, doch dafür steigen die Umsätze der Blu-Rays seit ihrer Einführung kontinuierlich. Allein 2010 waren es 24 Mio. Euro.[105] Der Großteil der Umsätze auf dem DVD-Markt wird genau wie beim Kino nicht mit Dokumentar-, sondern mit Spielfilmen erwirtschaftet. Sowohl 2010 als auch 2011 war kein einziger Dokumentarfilm unter den Top 10 der Verkaufs- und Leihtitel zu finden. Dennoch bietet der Markt eine beachtliche Anzahl dokumentarischer Titel: „Laut der Datenbank von G+J Entertainment Media sind aktuell 5.195 DVDs und 364 Blu-Ray-Discs im Dokumentationsgenre lieferbar." Dabei kamen allein 2011 wieder 800 neue Titel mit dokumentarischem Inhalt auf DVD und Blu-Ray dazu.[106]

Doch obwohl die Liste an erfolgreichen Dokumentarfilmtiteln überschaubar bleibt, verkaufte sich laut Verleiherangaben der auch im Kino sehr erfolgreiche Film *Deutschland – Ein Sommermärchen* bereits 600.000 Mal und die *Reise der Pinguine* sowie *Deep Blue* etwa 300.000 Mal als DVD. Außerdem sollen auch die Titel *Planet Erde*, *Unsere Erde* sowie *FIFA WM 2006* im deutlich sechsstelligen Bereich verkauft worden sein. Auch der Dokumentarfilm *Rhythm is it!* war nicht nur im Kino sehr erfolgreich, auch die Collectors Edition, bestehend aus 3 DVDs, hatte einen Platz in den Bestsellerlisten. Doch auch Verkaufszahlen von 10.000 bis 17.000 Einheiten, wie z. B. bei *Michael Jackson*, *Robmania* und *Illuminati* sind laut *SchröderMedia* durchaus beachtenswerte Ergebnisse.[107] Hierdurch wird deutlich, mit welchen Mengen auf dem DVD-Markt für Dokumentarfilme zu rechnen ist. Besonders lukrativ sind die Bereiche Natur und Sport sowie Zeitgeschichte und Reise. Hier offenbart sich, ähnlich wie auf dem Kinomarkt, eine Einschränkung der thematischen Vielfalt, denn große Absatzzahlen lassen sich offenbar nur mit bestimmten Themen bzw. Filmen erzielen. Laut Informationen eines Sprechers von *Studio Hamburg* werden die Käufer bei Dokumentarfilmen und Dokumentationen vor allem durch das Thema angesprochen, weshalb die Filme sich lange am Markt halten und durch ansprechende Aufbereitung mit relativ hohen Preisen erfolgreich sein können.[108] Deshalb scheinen sie nicht so stark vom Preiskampf betroffen zu sein wie Spielfilme, insbesondere aktuelle Blockbuster, deren Aktualität bereits nach kurzer Zeit schwindet. Jan Rickert (bis Anfang 2014 Executive Vice President Home Entertainment bei *Studiokanal*) sieht gerade in der Kombination von Spielfilm und Dokumentarfilm bzw. Dokumentation eine wertvolle Verbindung: Als Zusatzmaterial zu einem Spielfilm kann ein Dokumentarfilm eine Veröffentlichung bereichern und folglich können Spielfilm und Dokumentation als thematische Einheit verstanden werden.

Vorteile der DVD/Blu-Ray

Wichtig für den Erfolg der DVD ist ihr Platz in der Verwertungskette. Da die DVD-Distribution an die Kinoauswertung anschließt (frühestens sechs Monate nach der Kinopremiere), kann bei Veröffentlichung einer DVD das Marketing- und Presse-Material der Kinoaufführungen genutzt werden, was insbesondere dann erfolgsversprechend ist, wenn der Kinofilm an den Kassen hohe Umsätze erzielen und eine lange Laufzeit vorweisen konnte.

Positiven Einfluss auf den DVD-Markt hat das Internet. Anbieter wie *LOVEFiLM*, heute *AMAZON INSTANT VIDEO*, haben sich darauf spezialisiert, ihr Videothekenangebot im Internet zu präsentieren und den Kunden die ausgewählten Titel per Post nach Hause zu schicken.[109] Neben dem Vertrieb und Verleih verschiebt sich jedoch auch der Konsum von Filmen ins Internet (s. Kapitel D).

DVDs selbst produzieren und vertreiben

Natürlich gibt es auch Möglichkeiten, unabhängig von einem DVD-Vertrieb die eigene DVD zu produzieren. Eine Vielzahl an DVD-Produktions-Services bieten an, DVDs von einem Master zu vervielfältigen, zusätzlich das Cover auf die DVD zu drucken, ein Booklet aus einer Vorlage zu erstellen und anschließend als eingeschweißte DVD zum Auftraggeber zu verschicken.

Eine Auflage von 1.000 eingeschweißten DVDs mit vierfarbigem Laserdruck und achtseitigem Booklet gibt es im Internet bereits für rund 1.000 Euro inklusive Mehrwertsteuer.[110] Im Anschluss liegen Auswertung und Vertrieb ausschließlich in der Hand des Filmemachers.

Mit dem sogenannten *create space* bietet *Amazon* eine komfortable Lösung an: Dort können Rechteinhaber ihr DVD-Master hinschicken, inklusive Artwork für Cover und Booklet. Die DVD wird anschließend in das Amazon Sortiment aufgenommen und kann fortan bestellt werden. Dabei kümmert sich *Amazon* vollständig um die Abwicklung und berechnet die DVD-Erstellung pro Stück 4.95 US-$ sowie einen Anteil von 45 Prozent, wenn die DVD über *Amazon* vertrieben wird. Ob dieses Modell für Rechteinhaber attraktiv ist, hängt vor allem davon ab, wie viel Zeit und Energie sie für den Selbstvertrieb aufbringen wollen.

Fernsehen

Dokumentarfilme im deutschen Fernsehen

Während der Dokumentarfilm bis in die 1990er-Jahre in der Bundesrepublik als kommerziell nahezu aussichtsloses Terrain galt und deshalb fast ausschließlich im Fernsehen stattfand, scheint sich dieses Bild heute umgekehrt zu haben. Der Dokumentarfilm wird heute auf allen Kanälen vielfältig ausgewertet und findet überall seine Anhängerschaft. Doch im Hauptprogramm der Fernsehsender sucht man ihn leider vergebens. „So gibt es in den großen Vollprogrammen aktuell keinen Primetime-Sendeplatz für ,große Dokumentarfilme'. Das Genre findet sich fast ausschließlich in Programmnischen am späten Abend oder bei den engagierten Spartenprogrammen."[111] Einen Überblick der Programme bieten die sogenannten ,Sendeplatzanalysen': Die aktuellste ist die Studie ,Dokumentarische Sendeplätze im deutschen Fernsehen',[112] die 2008 von der *Arbeitsgemeinschaft Dokumentarfilm (AG DOK)* herausgegeben wurde.

Rückblick und Gegenwart

Im Jahr 1999 gab es im deutschen Fernsehen ca. 180 dokumentarische Sendeplätze, die eine Länge von über 30 Minuten hatten.
Schaut man jedoch genauer hin, stellt man fest, dass die Sendungen erst sehr spät im Programm zu finden waren und somit „[...]
beinahe unter Ausschluss der Öffentlichkeit"[113] stattfanden. Dieser
Zustand hat sich seit 1999 nicht maßgeblich verändert, und das obwohl heute mehr dokumentarische Formate im deutschen Fernsehen zu finden sind denn je. Die von vielen Regisseuren und Produzenten nachgefragten Sendeplätze für den langen Dokumentarfilm
sind dabei aber sehr rar und werden zunehmend weniger. So hatte
beispielsweise die *ARD* nur noch zwölf lange Dokumentarfilme im
gesamten Programm für 2012 vorgesehen.[114] Zudem findet auch eine
immer stärkere Formatierung in 30- bis 45-minütigen Slots statt.[115]
Zimmermann beschreibt das ambivalente Verhältnis des Fernsehens
zum Dokumentarfilm: Auf der einen Seite ermöglicht das öffentlich-
rechtliche Fernsehen durch Finanzierung die Realisation dokumentarischer Formate, auf der anderen Seite normieren sie die Inhalte
und zwingen die Filmemacher zu selbstausbeuterischen Arbeitsbe-
dingungen: „[...] das durchschnittliche Netto-Einkommen von Dokumentarfilmregisseuren liegt bei 1.380 Euro im Monat – rund 18
Prozent der Befragten bleiben sogar unter 636 Euro. Lediglich 15
Prozent gaben an, dass sie allein von ihrer Autorentätigkeit und der
Regiearbeit leben können – der weitaus größere Teil – nämlich 85
Prozent – müssen in teilweise berufsfremden Jobs Geld hinzuverdie-
nen oder sie werden von ihren Angehörigen finanziell unterstützt."[116],
heißt es in einer Studie der *AG DOK*. Deshalb fordern Produzenten,
dass sich das öffentlich-rechtliche Fernsehen wieder zunehmend
für den langen Dokumentarfilm engagiert: „Es sei eine mittelfris-
tige film- und gesellschaftspolitische Aufgabe von *ARD* und *ZDF*,
die Zuschauer wieder an das Genre des kinematographischen Dokumentarfilms heranzuführen. Dies könnte durch die Einrichtung einer
festen Leiste für den abendfüllenden Dokumentarfilm im Wechsel

mit bestehenden Formaten geschehen."[117], so forderten Lingemann und Hachmeister bereits im Jahr 2005.

Eine weitere Schwierigkeit: Heute können im Fernsehen zwar viel mehr dokumentarische Formate gesehen werden, wie bspw. auf dem Ereignis- und Dokumentationskanal *phoenix*. Die Vielzahl an Dokumentationen und Dokumentarfilme im Programm werden jedoch ausschließlich von anderen öffentlich-rechtlichen Anstalten übernommen, was *phoenix* sogar selbstbewusst anpreist: „Dazu liefern die besten Dokumentationen und Reportagen der Mutterhäuser *ARD* und *ZDF* anschauliche Hintergründe und Analysen. Pro Jahr werden davon rund 8.000 im *phoenix* Programm gezeigt."[118] Zwar bleibt *phoenix* damit ein wichtiger Kanal, um dokumentarische Programme in die Öffentlichkeit zu bringen, doch die Produzenten haben davon nichts, da keiner der vielen Sendeplätze ein Budget für Neuproduktionen bietet und Wiederholungshonorare in der Regel nicht gezahlt werden. Diesen Zustand kritisierte auch der ehemalige Kulturstaatsminister Bernd Neumann: „Völlig inakzeptabel ist, dass Dokumentarfilme auf ungünstige Sendezeiten – zum Teil um Mitternacht – oder in Spartenkanäle abgeschoben werden."[119]

INTERNETBASIERTE FINANZIERUNG UND DISTRIBUTION

C

Smartphones mit Flatrates und Apps ermöglichen heute die grenzenlose Kommunikation untereinander. Mit nur wenigen Klicks können Medieninhalte konsumiert, untereinander geteilt und veröffentlicht werden. Und das auch global, in Sekundenschnelle.

Für die Filmbranche ergeben sich hieraus vielerlei Vorteile. Zum einen: Vernetzung: :Im Internet vernetzen sich verschiedenste Interessengruppen, so auch Filmemacher und Dokumentarfilmer: Hierfür gründeten sich mit *crew-united, filmnetz.org, The D-Word*[120] und der Community der *International Documentary Association (ida)*[121] Plattformen, die dem Aufbau von Kontakten, dem Austausch sowie Hilfestellung bei Problemen dienen. Dazu kommen filmspezifische Gruppen in sozialen Netzwerken sowie. Doch auch im gesamten Produktionsablauf bietet sich online vielerlei Möglichkeiten, wie etwa Quellen- und Archivrecherche, Film- und Soundarchive, Casting, Teamzusammenstellung, die Budgetierung (Technikleihe, Transportkosten, usw.), Protagonisten- und Expertensuche sowie viele weitere Produktionsaufgaben können online sehr einfach und schnell organisiert werden. Erweitert werden diese Möglichkeiten durch den Crowd-Gedanken: Neben dem kollaborativen Arbeiten an gemeinsamen Projekten, unabhängig von Ländergrenzen und Zeitzonen, erhalten Filmemacher bereits in der Entwicklungsphase wichtiges Feedback und die Crowd funktioniert als Seismograph, ob eine Idee tatsächlich schon ausgereift ist oder noch entwickelt werden muss. Das Kinopublikum kann somit sehr einfach an der Entwicklung eines Filmes beteiligt werden, sei es durch Crowdsourcing, durch finanzielle Beteiligung (Crowdfunding oder Crowdinvesting) oder als Teil der Kommunikation über Social Media Kanäle. Vor allem der Bereich Marketing funktioniert online wesentlich schneller und direkter: Durch die schnelle Kommunikation über soziale Netzwerke, Foren und Mailverteiler können innerhalb kurzer Zeit viele Personen direkt angesprochen und über das eigene Vorhaben informiert werden. Während das große Werbeplakat an der Straße versucht, die relativ anonyme Masse anzusprechen, richtet sich die Online-Werbung heute an den Einzelnen und seine spezifischen Interessen. Neben Finanzierung und Marketing profitiert auch der Bereich Distribution von der schnellen, netzbasierten Kommunikation, da es nie einfacher war, Filme online zu stellen und anschließend zu monetarisieren.

C1 CROWDFUNDING ALS NEUER FINANZIERUNGSWEG

Wer entscheidet? Die Crowd!

Fernsehsender und Filmförderungen werden seit einigen Jahren mit einer kreativen und stark vernetzten Internetgemeinde konfrontiert. Diese entwickelt ständig neue Ideen, wie Filme durch die schnellen, vernetzten Kanäle des Internets finanziert, produziert und vermarktet werden können. Am weitesten sind die Entwicklungen der netzbasierten Filmfinanzierung beim Crowdfunding fortgeschritten.

Am deutlichsten wird diese Entwicklung auf dem US-amerikanischen Markt: Die weltweit populärste und erfolgreichste Crowdfunding-Plattform *Kickstarter* wurde 2009 in New York ins Leben gerufen. Seit der Gründung haben erfolgreich finanzierte Projekte bereits weit über eine Milliarden US-Dollar[122] durch dieses neuartige Finanzierungsmodell einsammeln können.[123] Damit kann zurecht behauptet werden, dass Crowdfunding in den USA bereits im Mainstream angekommen ist. Auch in Deutschland wächst von Jahr zu Jahr die Bedeutung von Crowdfunding: Die bekanntesten deutschen Crowdfunding-Plattformen für den Kreativbereich sind der Marktführer *Startnext* und die Plattform *VisionBakery*. Beide verzeichnen jährlich ansteigenden Projekt- & Finanzierungszahlen: Also wird die sogenannte ‚Schwarmfinanzierung' auch hierzulande zunehmend als wertvolle Finanzierungsalternative verstanden.

Besonders für Dokumentarfilme ergeben sich durch Crowdfunding interessante Mehrwerte. Da sich Dokumentarfilme häufig mit Themen für eine klare Zielgruppe bzw. Nischen-Themen beschäftigen, haben sie es nicht nur im Kino häufig schwer sondern finden ihr Publikum eher auf dem ‚Home Entertainment'-Markt, wo der Filmgenuss unabhängig von Kino . Auch deshalb sieht Anna Theil von der Plattform *Startnext* für Dokumentarfilme beim Crowdfunding ein besonderes Potenzial: „Über Crowdfunding können auch Projektinitiatoren mit Nischen-Themen und Nachwuchskünstler innerhalb kürzester Zeit ein großes Publikum erreichen."[124] Daher verwundert es nicht, dass Dokumentarfilme beim Crowdfunding überproportional erfolgreich sind: Sowohl auf Startnext als auch auf VisionBakery gehören Dokumentarfilme zu den Projekten mit den höchsten Gewinnsummen![125]

Da schon im Stadium der Projektentwicklung und Recherche eine Community aufgebaut wird, kann durch Crowdfunding bereits frühzeitig herausgefunden werden, ob Thema und filmische Handschrift des Regisseurs auf das nötige Interesse in der Öffentlichkeit stoßen. Durch Crowdfunding hat es der Projektinitiator folglich selbst in der Hand, wie intensiv er nach seinem zukünftigen Zielpublikum sucht.

Soziale Netzwerke, Presse, Internetforen, Interessengruppen, Verbände und vor allem Familie und Freunde können wertvolle Multiplikatoren des eigenen Vorhabens sein und somit maßgeblich zum Erfolg der Filmfinanzierung beitragen. Denn gerade für dokumentarische Stoffe gibt es zahlreiche Aufhänger von gesellschaftlicher Relevanz, die Wahrnehmung in der Öffentlichkeitschaffen können. Da es sich dabei nicht selten um Themen und Blickwinkel handelt, welche bei öffentlicher Förderung und Fernsehen einen schweren Stand haben, kann die Notwendigkeit einer Crowdfunding-Kampagne schlüssig vermittelt werden. Und obwohl die Finanzierung über Crowdfunding bei dieser Art von Filmen mit Sicherheit aufwändiger und langwieriger verläuft als bei massenkompatiblen Spielfilmen mit prominenter Besetzung, können besondere Filme so jedoch überhaupt erstmalig jenseits von Vergabekommission und Redaktion entstehen.

Entgegen dem allgemeinen Verständnis ist Crowdfunding also nicht nur das ‚schnelle Einsammeln' von Geld, sondern insbesondere deshalb attraktiv, da schon vor Projektstart die eigene Zielgruppe ausgemacht und durch aktives Marketing direkt angesprochen werden kann.

Zur Entstehung des Crowdfunding

Die erste erfolgreiche Crowdfunding-Kampagne wurde zum Bau des Sockels der Freiheitsstatue im Jahr 1885 unternommen: Der Herausgeber einer New Yorker Zeitung rief seine Leser zu Spenden auf und druckte anschließend ihre Namen in seiner Zeitung ab. Innerhalb von sechs Monaten kamen mithilfe von 120.000 Unterstützern insgesamt 102.000 US-Dollar zusammen, die den Bau schließlich ermöglichten. Die Anfänge des internetbasierten Crowdfunding auf eigens eingerichteten Plattformen (plattformbasiertes Crowdfunding) finden sich in der Musikindustrie: Die amerikanische Internetplattform *Artistshare.com* bot bereits im Jahr 2000 Musikern die Möglichkeit, die Produktionskosten ihres Albums schon vor der Veröffentlichung durch die finanzielle Unterstützung der Fans zu akquirieren. 2006 tauchte dann erstmalig der Begriff Crowdfunding durch die holländische Plattform *sellaband.com* auf. Mit Hilfe der Unterstützung von 528 Fans erhielt die Alternative-Rock Band *Nemesea* 50.000 Euro für die Produktion ihres Albums. Im Jahr 2010 erschien das Thema Crowdfunding dann in der breiten Medienöffentlichkeit, als auf der amerikanischen Crowdfunding-Plattform *Kickstarter* eine Gruppe junger Programmierer die Finanzierung eines Projekts namens *diaspora* startete. Entstehen sollte ein soziales Netzwerk, mit dem Ziel, die Privatsphäre seiner Nutzer zu schützen und damit *Facebook* den Kampf anzusagen. Innerhalb von 39 Tagen hatten 6.479 Unterstützer insgesamt 200.641 US-Dollar in das Projekt gesteckt. Die ursprüngliche Zielsumme von 10.000 US-Dollar wurde damit um über 2.000 Prozent übertroffen, was auch maßgeblich damit zu tun haben dürfte, dass die *New York Times* am 11. Mai 2010 beim Stand von 23.676 US-Dollar über das Projekt berichtete. In den Jahren 2010 & 2011 gingen mit *Inkubato, mySherpas, Startnext, pling* und *VisionBakery* die ersten fünf Crowdfunding-Plattformen in Deutschland an den Start.[126]

Plattform-unabhängiges Film-Crowdfunding startete in Deutschland schon weitaus früher. Laut eines Artikels des Branchenblatts *Medien Bulletin* aus dem Jahr 1999 finanzierte die *FIMA Film- & Fernsehproduktion* schon vor dem Jahr 2000 ihre Kinofilme über ihre eigene Website. Dort konnten Fans ab einem Mindesteinsatz von 10 DM als ‚Koproduzent' an den Kino- und Fernsehfilmprojekten mitwirken. Die Unterstützer erhielten nach ihrer Investition als sogenannte ‚*Movie-Chips*-Besitzer' Zugang zu exklusiven Videos und Fotos der Produktion.

Zusätzlich wurden Set-Besuche sowie Statisten- und Nebenrollen verlost. Wichtig war dabei der Community-Gedanke, da sich die Unterstützer durch das Anlegen von Profilen (inklusive Angaben zu Beruf und Fähigkeiten) auf der Website untereinander vernetzen konnten. Genau wie heute, basierte auch damals die Motivation der Initiatoren für diese sehr innovative Form der Geldbeschaffung auf einer Kritik an den traditionellen Förderstrukturen und dem Nutzen der Online-Community, wie dem Artikel von Heidiek zu entnehmen ist: „Während ein Produzent bei der Filmförderung von den Gremien abhängig ist und bestimmte Förderkriterien wie Regionaleffekte erfüllen muss, zählt bei der Internet-Finanzierung allein der Erfolg am Markt."[127] Weltweit sind es Mitte 2015 etwa 1.250 verschiedene Crowdfunding-Plattformen im Internet.[128] Die Ausrichtung und Zielgruppen dieser Plattformen sind vielfältig und bewegen sich in den Bereichen Musik, Immobilen, Sport, Start-Ups, Technologie, Kunst, Literatur, Journalismus, Erotik und natürlich Film, um nur einige zu nennen.

Grundlagen

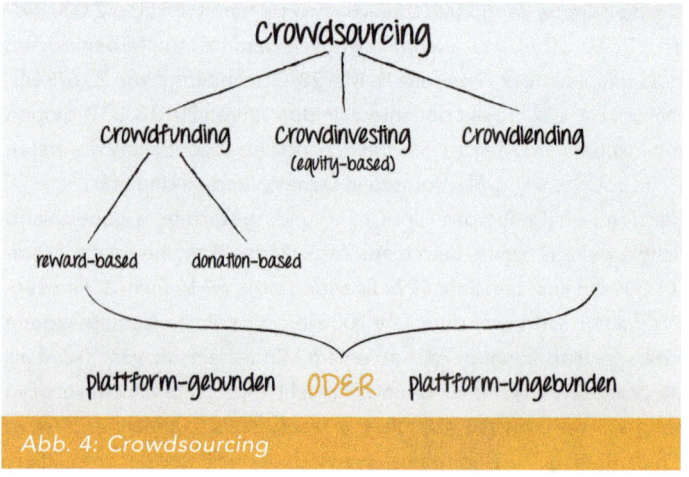

Abb. 4: Crowdsourcing

Crowdsourcing bezeichnet als Oberbegriff eine neue Form der internetbasierten, kollaborativen Zusammenarbeit, bei der Arbeits- und Kreativprozesse an Internetnutzer ausgelagert werden. Konkret bedeutet dies, dass die Ressourcen der Crowd, wie bspw. Ideen, Wissen, Fähigkeiten und Geld genutzt werden, um ein Projekt zu ermöglichen, punktuell zu unterstützen oder gar komplett umzusetzen. Im Zuge einer Filmproduktion kann durch Crowdsourcing bspw. die Suche nach Protagonisten, Interviewpartnern, Locations sowie Recherche durch die Crowd übernommen oder Expertenwissen eingeholt werden. Oder es werden gar komplette Produktionsprozesse an die Crowd ausgelagert. Steht der Aspekt der monetären Unterstützung beim konkreten Projekt im Vordergrund, kann das Crowdsourcing unterschieden werden zwischen Crowdfunding (‚reward-based' und ‚donation-based'), Crowdinvesting und Crowdlending.

Crowdfunding bedeutet übersetzt so viel wie ‚Schwarmfinanzierung', bei der die Masse (Crowd) mit vielen relativ kleinen Geldbeträgen etwas finanziert (funding). Die Besonderheit im Crowdfunding (und -sourcing) „[...] liegt in der frühzeitigen Kontaktierung und Aktivierung eines potentiellen Publikums. Filmemacher und Produzenten sind damit in der Lage, ein eigenes Publikum aufzubauen und auch in ständigem Kontakt mit diesem zu bleiben – und das Publikum ist ja letztendlich das Ziel eines jeden Filmprojekts."[129], wie Langer in einem Artikel für die *AG DOK* schreibt.

Mit Crowdfunding öffnet sich der Filmemacher seinem Publikum und nimmt aktiv Kontakt zu seiner Zielgruppe auf. Denn während die Kommunikation und der persönliche Kontakt mit der Crowd im Zuge der Dokumentarfilmproduktion bisher eher unüblich bzw. oft auch einfach nicht umsetzbar war, ändert sich dies heute durch die Kommunikation mit der beim Crowdfunding dazugewonnenen Gemeinschaft.

Crowdfunding unterscheidet sich in zwei Formen: das ‚reward-based' und das ‚donation-based' Crowdfunding.

Beim **‚reward-based' Crowdfunding** gilt das sogenannte ‚Prämien-Prinzip', wodurch der Unterstützer mit seinem Geld ein Produkt (Gegenleistung) oder eine Dienstleistung erwirbt. Deshalb bezeichnet ‚reward-based' Crowdfunding in erster Linie einen Austausch von Leistungen und ist weder eine Spende, noch Sponsoring oder gar Kreditgewährung. Da das Crowdfunding in der Regel notwendig ist, um das endgültige Produkt (wie z.B. den Film) fertigzustellen, erfolgt dadurch ein ‚Pre-Sale' im Vorfeld der Fertigstellung. Somit kommt es zu einem ‚Vertrauensaustausch' zwischen Projektinitiator und Unterstützern. ‚Reward-based' Crowdfunding ist die am häufigsten genutzte Finanzierungsform im Kreativbereich, so auch im Bereich Film. Schon für einen sehr geringen Beitrag kann sich hier die Crowd an den Kampagnen beteiligen.

Das **‚donation-based' Crowdfunding** bezeichnet das Crowdfunding auf Spendenbasis, bei dem im Gegensatz zum ‚reward-based' Crowdfunding der Unterstützer keinen konkreten Gegenwert erhält. Teilweise ist diese Option bei den Plattformen des ‚reward-based' Crowdfunding integriert und man kann einen bestimmten freien Betrag eingeben, der an das Projekt geht, ohne dass der Unterstützer dafür einen Gegenwert erhält. Für Dokumentarfilme wird diese Form der Finanzierung bislang eher selten angewendet.

Beim **Crowdinvesting (‚equity-based')** beteiligen sich die Unterstützer als Investoren am Projekt, während beim Crowdfunding die Kapitalgeber für die kleinen Summen, die sie beisteuern, in der Regel weder ein Mitspracherecht noch eine Gewinnbeteiligung im Zuge der Auswertung erhalten.

Investoren erhalten beim Crowdinvesting folglich eine Erlösbeteiligung an den späteren Einnahmen und Gewinnen. Der Kampagnenersteller bzw. Produzent trägt beim Crowdinvesting ein relativ geringes Risiko, da die Investoren nur dann Geld erhalten, wenn der Film Gewinne erwirtschaftet. Die Investoren hingegen werden bei einer erfolgreichen Auswertung in der Rückzahlung des investierten Geldes früh bedacht: „Die Darlehen werden generell als Eigenmittel des Produzenten anerkannt und genießen daher in der Tilgung den selben Rückführungsrang wie Eigenmittel (also noch vor den Förderungen).", wie Mitbegründer und Geschäftsführer der Plattform CINEDIME, Markus Brandmair, im Interview erklärt.[131] Die Investoren müssen folglich davon überzeugt werden, dass der Film Gewinne erwarten lässt. So kann ein Investor durch eine finanzielle Beteiligung an einem Filmprojekt mit kommerziellem Erfolg (hohe Zuschauerzahlen im Kino, Lizenzverkäufe, DVD Verkäufe etc.) durchaus profitieren. Aus diesem Grund bietet sich diese Finanzierungsform maßgeblich für kommerziell angelegte Projekte mit großer Zielgruppe und starkem Fokus auf Verwertbarkeit an. Brandmair unterstreicht die Relevanz der wirtschaftlichen Perspektive in Bezug auf Crowdinvesting: "[Nur i]n den Fällen, in denen der Dokumentarfilm einen wirtschaftlichen Erfolg erwarten lässt und diesen durch einen belastbaren ‚Auswertungs- und Recoupmentplan' belegen kann"[132], ist Crowdinvesting überhaupt eine Option für Dokumentarfilme.

Es ist daher nicht verwunderlich, dass Crowdinvesting für Kultur- und Kreativprojekte im Gegensatz zum ‚reward-based' Crowdfunding bisher kaum Anwendung gefunden hat. Ein paar Ausnahmen gibt es beim Spielfilm, wie bspw. bei *Stromberg – Der Film*, wo 1.000.000 Euro via Crowdinvesting akquiriert werden konnten. Es können folgende Parameter als Anhaltspunkte für kommerzielle Erfolge von Filmproduktionen gelten: der Bekanntheitsgrad und die Erfahrungswerte der Produktionsfirma, des Produzenten oder des Ko-Produzenten, des Verleihs und des Regisseurs, zudem eine Filmografie mit einigen vorweisbaren Kino-/TV-Erfolgen aller am Projekt Beteiligten. Grundsätzlich ist das Modell des Crowdinvesting eher für ‚Start-ups' und Firmenfinanzierungen gedacht, die durch die Umsatzbeteiligung der Investoren ihr Stammkapital erhöhen und somit weiter wachsen können. Da jedoch Filmproduktionen in Deutschland – anders als in den USA – generell nur in Ausnahmefällen Gewinne generieren, ist die Wahrscheinlichkeit von erfolgreichen Crowdinvesting-Kampagnen für Dokumentarfilme derzeit nicht allzu hoch. Das Prinzip und die Vorteile einer Crowdinvesting-Plattform beschreibt Markus Brandmair folgendermaßen: „CINE-DIME ist eine Online-Plattform, über die Kunden nach dem Prinzip des Crowdinvestings direkt in Kinofilmproduktionen investieren können. Bevor ein Produzent einen Film herstellen kann, muss dieser zuerst seine Produktionskosten finanzieren. In Deutschland gibt es dazu eine Vielzahl an Finanzierungsmöglichkeiten (Filmförderung, Koproduzenten, TV-Sender, Minimumgarantien, etc.). Sind diese Quellen ausgeschöpft und besteht trotzdem noch ein Kapitalbedarf (Gap), kann dieser über *CINEDIME* gedeckt werden. Die Finanzierungslücke wird auf der Online-Plattform als Anlageobjekt angeboten. Dies bedeutet, dass Investoren sich Erlösanteile an der Filmproduktion kaufen können. Potentielle Investoren erhalten Einblick in alle relevanten Fakten über das geplante Filmprojekt (Besetzung, Story, Startkopien, Budget etc.). Das eingesammelte Kapital fließt an den Produzenten, der damit den Film herstellt. Die Besonderheit ist hierbei, dass man schon Kleinstbeträge ab 100 Euro investieren kann. Die gebündelte Summe von Mini-Investments stellt eine attraktive Größe für den Produzenten dar. Die Crowd-Investoren erhalten als sofortige Gegenleistung Prämien, wie exklusiven Zugang zur Investors-Lounge, interne Informationen über die Dreharbeiten, Set-Besuche u.v.m. Befindet sich der Film später in der Auswertung (Kino, DVD, Lizenzverkäufe etc.), werden die Crowd-Investoren entsprechend ihrer Anteile an den Erlösen beteiligt. Lässt sich der Film erfolgreich verwerten und können hohe Rückflüsse generiert werden, können die Crowd-Investoren über ihr Investment hinaus Gewinne generieren. Ist der Film weniger erfolgreich, so kann es vorkommen, dass die Investments gar nicht oder zumindest nicht vollständig an die Investoren zurückgeführt werden können."[133]

Beim **Crowdlending** leiht die Crowd dem Projektinitiatoren Geld, so dass dieser sein Projekt realisieren kann. Die Crowd erhält hierfür einen festen Zinssatz. Zwar ist diese Form der Gelderbeschaffung im Internet sehr beliebt, doch im Bereich Film bislang eher unüblich.

Der Grund hierfür liegt darin, dass das Leihen von Geld bisher entweder im privaten Bereich praktiziert wurde, indem der Filmemacher das eigene Netzwerk um finanzielle Unterstützung bittet, bzw. institutionelle Darlehen, z.B. von der *Investitionsbank Berlin (IBB)* in Anspruch genommen wurden. Auf der anderen Seite werden beim internetbasierten Crowdlending keine Inhalte, keine Rewards oder gar Pitchingvideos benötigt. Somit ist die emotionale Beteiligung am Projekt nicht möglich und es fehlt ein starkes, persönliches Argument für die finanzielle Beteiligung an einem Filmprojekt.

‚Plattformbasiertes' vs. ‚Nicht-plattformbasiertes' Crowdfunding

Crowdfunding-Kampagnen sind auf zwei unterschiedlichen Wegen möglich: Die Abwicklung der Finanzierung über die eigene Website (‚nicht-plattformbasiert') oder die Nutzung einer der speziellen Crowdfunding-Plattformen (‚plattformbasiert').[134] Diese beiden Möglichkeiten bieten jeweils Vor- als auch Nachteile, die es in der Planungsphase abzuwägen gilt.

Beim **nicht-plattformbasierten Crowdfunding** spart der Projektinitiator zum einen die Gebühren für die Nutzung der Plattform sowie deren Transaktionsgebühren. Zum anderen kann die eigene Homepage frei gestaltet werden, da sie nicht an die technischen und gestalterischen Vorgaben der Plattform gebunden ist. Ein weiterer wesentlicher Vorteil ist die Möglichkeit, den Finanzierungsweg nach eigenen Bedürfnissen zu gestalten. Das beinhaltet z.B. die Option der Akquise sehr hoher Beträge (vgl. *Stromberg – Der Film*), die Gebührenfreiheit und die Unabhängigkeit vom ‚Alles-oder-nichts-Prinzip'[135]. Außerdem kann nach eigenem Ermessen der Fundingzeitraum verlängert bzw. verkürzt werden oder Gegenleistungen hinzugefügt bzw. entfernt werden, was bei plattformbasiertem Crowdfunding mit Ausnahme von *Indiegogo* nicht so einfach möglich ist.[136]

Andererseits ist die Programmierung und Gestaltung einer Homepage, welche den gesamten Transaktionsprozess anbietet, sowohl zeit- als auch kostenintensiv. Abgesehen davon bieten die bestehenden Plattformen einen erheblichen Komfort, was die Abwicklung, die Formatierung und die technische Grundausstattung der Crowdfunding-Kampagne betrifft. Den Plattformbetreibern ist es aufgrund ihrer Erfahrung möglich, vielfältige Unterstützung und strategische Beratung bezüglich der geplanten Kampagne anzubieten, die bei eigenen Homepages komplett entfällt.

Die Nutzung von ‚**plattformbasiertem' Crowdfunding** ist für die Projektinitiatoren in der Regel mit Kosten verbunden: *VisionBakery* beispielsweise veranschlagt eine Gebühr von 11,9 Prozent für ihre Dienstleistungen und Transaktionskosten der gewünschten Summe auf erfolgreich finanzierte Projekte, worin der Preis für den Bezahlvorgang mit *PayPal* schon inbegriffen ist. *VisionBakery* versteht dies als „Gegenleistung von dir an uns."[137] Die Dienstleistungsabgaben für die verschiedenen anderen Plattformen betragen im Schnitt zwischen 4 und 12 Prozent, hinzu kommen meist noch Transaktionskosten für die Bezahlvorgänge mit den unterschiedlichen Onlinebanksystemen, sofern die veranschlagte Summe erfolgreich durch die Crowd akquiriert werden konnte. Die Nutzer der Plattformen sind in der Regel an die vorhandene Ästhetik der registrierungspflichtigen Seite und an das installierte Bezahlsystem (*Fidor, PayPal,* Kreditkarte, *Sofort-Überweisung*) gebunden.

Crowdfunding ohne Provision bietet *Startnext* an. Mithilfe freiwilliger Unterstützung kann die Community selbst entscheiden, was ihnen der Service wert ist. *Startnext* finanziert sich zum einen über die Möglichkeit, sowohl als Projektstarter als auch als Unterstützer freiwillig für die Plattform zu spenden und zum anderen über gebührenpflichtige Premium Services wie bspw. Projektbetreuung oder Workshops. Crowdfunding-Kampagnen über die eigens dafür entwickelten Plattformen haben viele Vorteile: „Die Plattformen bieten den Projektinitiatoren [...] die Anbindung an soziale Netzwerke, einen Blog und eine Pinnwand auf der Projektseite sowie ein Projekt-Widget mit einer kleinen Vorschau, das auf dem einfachen Wege in die eigene

Crowdfunding	
Vorteile	**Nachteile**
plattformbasiert	
» kein administrativer Aufwand » einfaches Anlegen von Projekten durch vorhandene Infrastruktur » viel Erfahrung zu Crowdfunding auf Seiten der Plattformbetreiber » ‚Schneeballprinzip' (User sehen Projekte von Usern) » Reichweite der Plattformen durch Social Media & Pressekontakte	» Bezahlsysteme sind vorgegeben » Registrierung ist für Unterstützer Pflicht » Kombination mit Crowdinvesting ist zumeist ausgeschlossen » Fundingdauer vorgegeben » in den meisten Fällen mit Gebühren verbunden
nicht-plattformbasiert	
» ästhetische und formale Entscheidungsfreiheit » Projektidee unterliegt keiner Prüfung » entfallende Provision » eigene Entscheidung über das Bezahlsystem » hohe Beträge sind möglich (vgl. *stromberg – Der Film*) » keine Anwendung des ‚Alles-oder-nichts-Prinzips' » keine Vorgabe der Fundingdauer	» hoher administrativer Aufwand für Erstellung der Plattform und Einrichtung des Bezahlsystems » höherer Zeitaufwand » keine persönliche Betreuung durch den Plattformbetreiber » Wegfall des ‚Schneeballprinzips'

Website integriert werden kann."[138]Hierdurch spart der Filmemacher und gegebenenfalls Produzent viel Zeit und Geld, was ansonsten in die Gestaltung und Programmierung einer eigenen Website inklusive eines Bezahlungssystems gesteckt werden müsste. Stattdessen kann er sich auf das Marketing für die Kampagne konzentrieren. Zudem verfügen die Plattformen über hilfreiche Instrumente, die Kampagnen in der Öffentlichkeit bekannt zu machen. Dank ihres Bekanntheitsgrads sowie der Vielzahl an Projekten zählen sie viele Besucher und ermöglichen dem Projekt auch dadurch wertvolle Werbung.

Markt in Deutschland für plattformgebundenes Crowdfunding

Zwischen 2012 und 2015 gab es einige Veränderungen in der Crowdfunding-Landschaft: Beispielsweise hat die Plattform *mySherpas* seine Tätigkeit Ende 2012 eingestellt, *pling* hat das Geschäftsmodell neu ausgerichtet (mit neuem Inhaber Clemens Tönnies) und *Inkubato* pausiert seit 2013 und plant eine neue Ausrichtung.[139] Die Plattformen *Fundsters* und *Berlincrowd*, die 2013 neu gestartet sind, haben seitdem ihren Geschäftsbetrieb geändert bzw. wurden im Falle von *Berlincrowd* wieder komplett eingestellt.

Crowdrange und *Krautreporter* sind Neuzugänge in der deutschen Plattformlandschaft. *Crowdrange* konzentriert sich jedoch (mittlerweile) eher auf Crowdinvesting und bietet sogenanntes ‚C-Fund' (in Anlehnung an Crowdfunding) als Teilbereich für die Realisierung von Projekten ab mindestens 5.000 Euro an. *Krautreporter* war zunächst im Jahre 2013 als Crowdfunding-Plattform für freie journalistische Projekte auf den deutschen Markt angetreten. Im Jahr 2014 wechselte die Strategie, um gezielt ein eigenes Projekt für unabhängigen Journalismus zu funden.

Mit *Kickstarter* (USA), *Indiegogo* (USA) und *wemakeit* (CH) kamen drei neue Marktteilnehmer hinzu, die den deutschen Markt weiter in Bewegung bringen. Mitte 2015 sind es fünf große Crowdfunding-

Plattformen im 'Reward-Bereich für kreative Projekte, die sich auf dem deutschen Markt aktiv präsentieren: *Startnext*, *VisionBakery*, *wemakeit*, *Indiegogo sowie Kickstarter.*

Seit 2014 gibt es mit *CINEDIME* und *Filmkraut* zwei Crowdinvesting-Plattformen in Deutschland, die sich ausschließlich auf die Finanzierung von Filmen spezialisieren. Die beiden wichtigsten deutschen Crowdinvesting-Plattformen ohne expliziten Filmfokus sind *Seedmatch* (2011 gegründet) und *Companisto*, (entstanden: 2012).[140]

Statistisches Material zu Crowdfunding ist bislang rar. Zwar geben die Plattformbetreiber gelegentlich selbst Statistiken über die Entwicklung ihrer eigenen Plattformen heraus, doch nur das Portal *fuer-gruender.de* veröffentlicht seit 2011 regelmäßig plattformübergreifend relevante Zahlen zum Crowdfundingmarkt in Deutschland in der Reihe *Crowdfunding-Monitor*. Die international (Indiegogo, Kickstarter) bzw. europaweit (wemakeit) agierenden Crowdfunding-Plattformen wurden in den statistischen Erhebungen des *Crowdfunding-Monitors* bislang leider nicht berücksichtigt, da der deutsche Crowdfundingmarkt im Zentrum der Betrachtung steht.[141]

Wissenschaftliche Studien zum Thema Crowdfunding wurden bisher vom *Berliner Institut für Kommunikation in sozialen Medien (ikosom)*[142], der *Universität St. Gallen,* der *Europäischen Union*[143] sowie der *Universität Jena*[144] erstellt. Außerdem entstehen vermehrt Abschlussarbeiten von Studenten zum Themenkomplex Crowdfunding. Filmrelevante Arbeiten entstanden unter anderem durch Koppler im Jahr 2012. [145]

5.000 Projekte auf Plattformen, 2.500 davon erfolgreich

Im Zeitraum von 2010 bis Ende 2014 wurden deutschlandweit insgesamt 4.952 Projekte auf den entsprechenden Plattformen (plattformbasiert, ‚reward-based') eingestellt. 2.646 davon wurden erfolgreich (Erfolgsquote: 53 Prozent) mit insgesamt 16,5 Mio. Euro finanziert. Allein 2014 gab es 922 erfolgreiche Projekte mit einem Finanzierungsvolumen von insgesamt circa 8,7 Mio. Euro. Damit hat sich das Gesamt-Finanzierungsvolumen im Vergleich zu 2013 um 61 Prozent erhöht. [146]

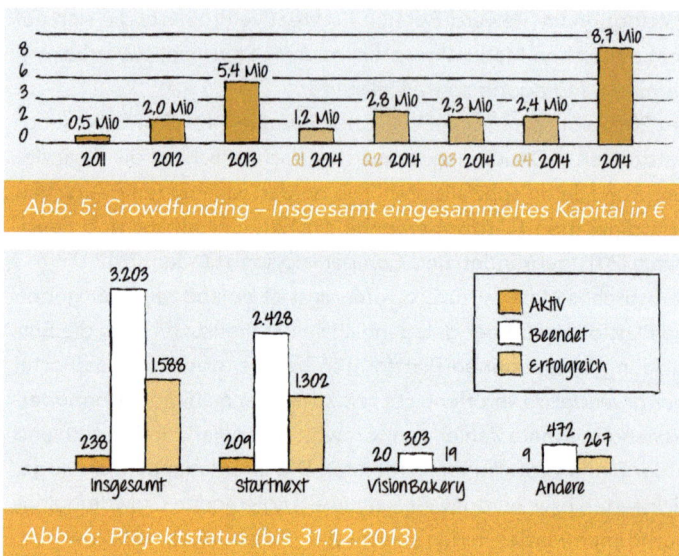

Abb. 5: Crowdfunding – Insgesamt eingesammeltes Kapital in €

Abb. 6: Projektstatus (bis 31.12.2013)

Der durchschnittlich eingenommene Betrag je Projekt über die Zeitspanne 2010 bis Ende 2014 lag damit bei 6.236 Euro. Der Höchstbetrag für ein finanziertes Projekt lag 2014 bei 950.000 Euro. Hierbei handelt es sich jedoch um die Eigenkampagne von *Krautreporter*. Das Geld wurde innerhalb eines Monats eingenommen. Die erreichte Gewinnsumme katapultierte *Krautreporter* damit auf den zweiten Platz des deutschen Plattformmarkts vor dem Drittplazierten *VisionBakery*. Bis Anfang 2015 lag der Höchstbetrag für ein in Deutschland über eine reward-based Crowdfunding-Plattform finanziertes Einzelprojekt bei 217.892 Euro für die filmische Dokumentation über den Fußballverein *Borussia Dortmund* mit dem Titel *Am Borsigplatz geboren. Franz Jacobi und die Wiege des BVB* auf der Plattform *Startnext*. Dieses Projektbeispiel veranschaulicht das Potenzial des Dokumentarfilms auf Crowdfunding-Plattformen.

Einen Einblick gibt *Für-Gründer* auch in das durchschnittliche Crowdfunding-Projekt im Jahr 2014: *„Erfolgreiche Projekte hatten 2014 im*

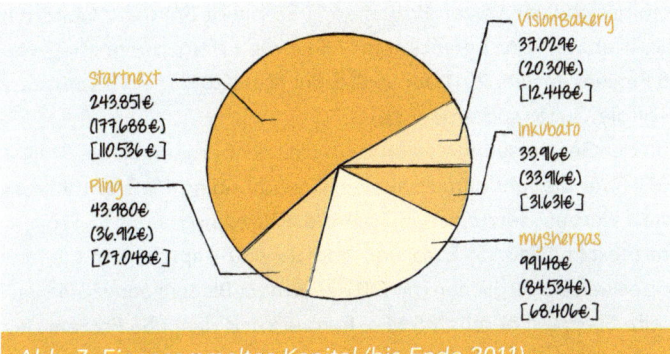

Abb. 7: Eingesammeltes Kapital (bis Ende 2011)

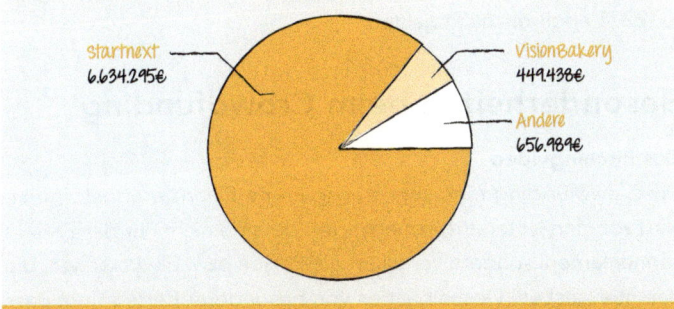

Abb. 8: Eingesammeltes Kapital (bis Ende 2013)

Durchschnitt 116 Unterstützer, die durchschnittlich 71 Euro beisteu-
erten. Dabei sammelten die Projekte im Durchschnitt 21% mehr ein
als beim Finanzierungsziel geplant. Insgesamt 26 der 1.058 Projekte
konnten mehr als doppelt so viel per Crowdfunding einwerben als
zum Start der Kampagne ins Auge gefasst worden war."[147]

Vergleicht man den Erfolg der deutschen Crowdfunding-Plattformen miteinander, fällt die Sonderstellung von *Startnext* auf.
Startnext konnte im Jahr 2013 mit 1.302 die meisten erfolgreichen
Projekte auf seiner Seite vermelden.[148] Für die erste Jahreshälfte
2014 ist ein weiterer ansteigender Trend zu beobachten mit 1.725

erfolgreich finanzierten Projekten.[149] So bleibt *Startnext* weiterhin die Triebkraft der Entwicklung: Allein die Erfolgsquote stieg von 38 Prozent im Jahr 2011 auf 60 Prozent Mitte 2015 (auf *VisionBakery* liegt die Quote sogar bei 70%).

Von der Gesamtsumme der erfolgreich finanzierten Projekte welche 2011 über die fünf damals aktiven Crowdfunding-Plattformen realisiert wurden, setzte schon über die Hälfte, insgesamt 53 Prozent *Startnext* (mit 243.851 Euro) um. [150] Im Jahr 2014 spitzte sich die Monopolstellung verglichen mit 2011 enorm zu. Bis zum Juni 2014 sammelte *Startnext* bereits 9.5 Mio. Euro ein und damit 86 Prozent des Kapitals aller verglichenen Plattformen. Im Mai 2015 erreichte der von der Crowd finanzierte Wert auf *Startnext* die 20 Mio. – Grenze für 2.671 erfolgreiche Projekte.

Besonderheiten beim Crowdfunding

Das Pitchingvideo

Da Crowdfunding eine sehr transparente Finanzierungsform ist, wird von den Unterstützern erwartet, dass sie nicht nur das Projekt kennenlernen, sondern vor allem die Person bzw. die Personen, die dahinterstecken. Deshalb ist es von besonderer Bedeutung, dass sich die Projektinitiatoren im ‚Pitchingvideo' persönlich vorstellen und der Crowd erklären, warum sie für das Projekt wichtig sind. In der Regel ist das Video das Erste, was man auf einer Kampagnenseite zu sehen bekommt und es entscheidet nicht selten darüber, ob die Zuschauer zu Unterstützern werden oder eben nicht. In Bezug auf Filmprojekte kann das ‚Pitchingvideo' als Kommunikationsmittel auch in der weiteren Vermarktung des Films genutzt werden.

Die Gegenleistungen

Mit den Gegenleistungen erhalten Unterstützer beim ‚reward-based Crowdfunding' einen Gegenwert für den von ihnen eingezahlten Geldbetrag. Hierbei denken sich die Kampagnenstarter individuelle

Gegenleistungen aus und bieten diese für unterschiedlich hohe Summen an. Je nach Projekt sind diese ganz verschieden. Im Filmbereich sind es oft folgende: die namentliche Nennung auf der Website und im Abspann, der ‚digitale Download' des fertigen Films, DVDs, Premierentickets, Merchandisingprodukte, Beteiligung als Komparse, Schnittraum- oder Setbesuche und gegen hohe Beträge auch ‚Produzenten-Credits'. Häufig sind die Produkte mit Rabatten verbunden. Unterstützer können somit Produkte erwerben, die in dieser Form auf dem Markt nicht bzw. später um einiges teurer angeboten werden. Bei der Auswahl der Gegenleistungen bietet es sich an kreativ zu sein. Die Gegenleistungen nehmen aber auch die Verkaufsphase des Films in Teilen vorweg und agieren damit als sogenannter ‚Pre-Sale'. Dadurch besteht die Gefahr, dass die als Gegenleistungen verkauften bzw. versprochenen DVDs, Downloads oder Premierentickets einen späteren Verkauf der Auswertungsrechte des Films an einen Verleih bzw. Weltvertrieb ausschließen, da diese folglich nicht mehr exklusiv vorliegen.

Daniel Saltzwedel vom *medienboard Berlin-Brandenburg* meinte diesbezüglich während der Podiumsdiskussion ‚Crowdfunding im Film' im Rahmen der *Social Media Week* im September 2011, dass DVDs oder Premierentickets für Unterstützer als Marketing- und Werbeartikel deklariert werden können. Sie haben somit keinen Einfluss auf einen möglichen Verkauf dieser Rechte und schließen auch eine Beteiligung des Fernsehens oder eines Vertriebs nicht aus. Der Berliner Produzent Jörg Langer geht dennoch davon aus, dass die Vorwegnahme der Verkaufsphase für die weitere Projektverwertung durchaus relevant sein kann, da „[…] sie die Verhandlungen mit Verwertungspartnern wie Verleihern oder Vertriebsfirmen beeinflussen."[154]

‚Alles-oder-nichts-Prinzip' vs. ‚Flexible Funding'

Fast alle Crowdfunding-Plattformen funktionieren nach dem ‚Alles-oder-nichts-Prinzip', wonach am Ende nur ausgezahlt wird, wenn die Zielsumme zu 100 Prozent erreicht wurde. „Die Projektinitiatoren

Tab. 5: Vergleich der bekanntesten, in Deutschland aktiven		
Plattform/Standort	Startnext Dresden, Berlin	VisionBakery Leipzig
Gründungsjahr	2010	2011
Provision auf erreichte Summe	Nein	10% bei erfolgreicher Finanzierung
Gebühr pro Transaktion in Euro	4% Transaktions-gebühren	1,9% Transak-tionsgebühren
Vorgabe Zielsumme	Nein	Nein
Startphase als Voraussetzung für Kampagne	Ja (innerhalb von 30 Tagen bestimmte Anzahl von Fans)	Nein
Finanzierung der Plattform	» Freiwillige Unterstützung der Plattform » Kostenpflichtige Services/Work-shops (Premium-angebote, Beratung)	
Anzahl erfolg-reicher Projekte	2.563	300
Erfolgsquote für fi-nanzierte Projekte	58%	69%
Kombination von Crowdfunding & Crowdinvesting	Ja	Nein

Crowdfunding-Plattformen (laut Angaben der Plattformen)		
Wemakeit **Zürich (CH), Wien** **(A), Berlin (D)**	**Indiegogo** **San Francisco** **(USA)**	**Kickstarter** **New York (USA)**
2012	2008 (USA), seit 2014 mit deutscher Übersetzung	2009 (USA), seit 2015 mit deutscher Übersetzung
6% bei erfolgreicher Finanzierung	bei erfolgreicher Finanzierung (100%) 4%;/bei ‚Flexible Funding' 9% (unter 100%)	5% bei erfolgreicher Finanzierung
4% Transaktionsgebühren	3-5% für Creditkarte oder Paypal	3% + Finanzierungsvorgang
Nein	Nein	Nein
Nein	Nein	Nein
1105	nicht angegeben	83.400 weltweit
70%	47%	44%[154]
Nein	Nein	Nein

bekommen das Geld beim Großteil der Plattformen nur ausgezahlt, wenn das Budgetziel erreicht wird (Alles-oder-nichts-Prinzip). Gelingt das nicht innerhalb der geplanten Zeit, geht das Geld wieder an die Unterstützer zurück und kann in neue Projekte gegeben werden."[155] Die einzig bekannte Plattform, welche nicht ausschließlich nach dem ‚Alles-oder-nichts-Prinzip' funktioniert, ist die weltweit zweitgrößte, US-amerikanische Crowdfunding-Plattform *Indiegogo*, die seit 2014 auch in Deutschland vertreten ist. Dort gibt es die Option ‚flexible funding', mit der man am Kampagnenende die Summe ausgezahlt bekommt, die tatsächlich erreicht wurde, ganz unabhängig von der Zielsumme. Somit endet jede ‚flexible funding'-Kampagne erfolgreich, wird aber mit einer höheren Provision für die Plattform belegt. Kritiker bemängeln, dass die Option ‚flexible funding' zu Nachteilen für das Projekt führen kann, wenn es unterfinanziert bleibt. Unterstützer erwarten nämlich die ursprünglich versprochene Qualität des Produkts, als auch die ihrer Gegenleistungen. Bleibt ein Film unterfinanziert, ist es unwahrscheinlich, dass der Film die versprochene Qualität bieten kann. Gleichzeitig besteht die Gefahr, dass das Projekt überhaupt nicht realisiert wird, da Technik oder Personal durch die fehlenden Mittel nicht mehr zur Verfügung stehen. Eine Abwägung zwischen diesen Faktoren ist entscheidend für die Wahl der Methode. Eine Möglichkeit, um schon im Vorfeld einschätzen zu können, ob eine Projektidee überhaupt die notwendige Unterstützung erfährt und eine erfolgreiche Kampagne aussichtsreich ist, bietet *Startnext* mit der sogenannten ‚Startphase' an. Nur wenn das Projekt eine bestimmte Anzahl an Fans erhält, kann es anschließend in die Finanzierungsphase gehen. In dieser Zeit können die Projektinitiatoren mit ihren Unterstützern in Kontakt treten und sich über die Zielsumme, die ‚Gegenleistungen' oder das Projekt im Allgemeinen austauschen und gegebenenfalls Änderungen vornehmen. Einen Beleg für die Wirksamkeit dieser Struktur ist bisher nicht gegeben, da Projekte trotz der Fans aus der Startphase teilweise nicht erfolgreich finanziert wurden.

Keep all your rights

Bei einer erfolgreichen Komplettfinanzierung über das Internet ohne Filmförderung und/oder Senderbeteiligung ist die Rechtesituation für den Produzenten bzw. Filmemacher beim Crowdfunding ausgesprochen positiv, wie Heidsiek bereits im Jahr 1999 feststellte: „Im Gegensatz zu Fernseh-Koproduktionen, Fonds-Konstruktionen oder Auftragsproduktionen, wo der Produzent seine Rechte zum Teil oder sogar ganz abtreten muss, ist er bei der Internet-Finanzierung zudem an der Rechte-Verwertungskette Kino – Video – Pay TV – Free-TV – Print – Musik – Merchandising – Lizenzen – Interaktive Medien – Spiele beteiligt."[156] Da Crowdfunding-Kampagnen nie ein Abtreten von Rechten beinhalten, sondern andere, für die Unterstützer viel reizvollere Dinge als Gegenleistungen angeboten werden, behält der Produzent/Filmemacher alle Auswertungsrechte an seinem Werk. Somit kann er sich nach Fertigstellung des Films an Vertriebe oder Verleihe wenden und auf diesem Wege die Nutzungsrechte für die Kino- und Fernsehauswertung sowie das Home-Entertainment veräußern. Alternativ kann die Auswertung völlig selbstständig übernommen werden.

Hoher Zeitaufwand

Crowdfunding-Kampagnen sind aufwendig. In der Planungs- und Umsetzungsphase der Kampagne muss sich mindestens eine Person intensiv um Aufbau und Pflege der Community kümmern sowie wichtige Presse- und Kommunikationsarbeiten leisten. Laut Informationen von Marketing Experten dauert der Aufbau einer Online- bzw. Fancommunity sogar mindestens ein halbes Jahr und erst im Anschluss daran ist es sinnvoll die eigentliche Crowdfunding- Kampagne starten. Im Rahmen der Recherchen für dieses Buch wurden jedoch mehrere Projekte gesichtet, die erst zum Start der Crowdfunding-Kampagne begannen, ihre Community – in der Regel durch Social Media Kanäle – aufzubauen und die trotzdem erfolgreich waren. Dennoch sollte der Kontakt mit dem (potenziellen) Zielpublikum möglichst früh aufgenommen werden, um Fans und Unterstützer in das Vorhaben zu involvieren. „Die Kommunikation muss schon lange vor dem Projektstart begonnen werden und sollte über alle Kanäle – online sowie offline – geführt werden."[157], wie Gumpelmaier 2011 auf der Branchenveranstaltung DOKVILLE betonte. Während von der jungen Generation an Filmemachern Kommunikation im Internet als alltäglich und selbstverständlich erachtet wird, fragen sich die erfahrenen Filmemacher möglicherweise, was diese Art des Marketings mit dem eigentlichen Filmprojekt zu tun hat. Der Produzent Jörg Langer bezweifelt deshalb, dass Crowdfunding gegenwärtig eine erfolgversprechende Alternative in der Filmfinanzierung darstellt: „Die in ausgewogener Relation zum Aufwand zu akquirierenden Summen sind zu niedrig, als dass es sich dabei um relevante Finanzierungsbestandteile für die professionelle Film- und TV-Produktion handeln könnte."[158] Gleichzeitig hält er Crowdfunding aber für eine sinnvolle Ergänzung, wenn es beispielsweise für einen Teil der Produktion eingesetzt wird: „Im Filmbereich eignet sich Crowdfunding besonders für Teilfinanzierungen wie etwa Produktion, Distribution, Marketing, Soundtracks oder Screenings."[159]

¼ Geld & ¾ Marketing

Beim Crowdfunding müssen alle zugänglichen Kommunikations-Kanäle genutzt werden, um über das eigene Vorhaben zu informieren. Dies bedeutet einen erheblichen Perspektivwechsel in der Kommunikation der eigenen Arbeit für den Filmemacher und gegebenenfalls Produzenten. Denn bisher gab es nur bestimmte, ausgewählte Adressaten, die von den geplanten bzw. gerade sich entwickelnden Filmprojekten erfuhren. Bei Dokumentarfilmprojekten waren das vor allem die Filmförderung und / oder Fernsehredaktionen, die verantwortliche Produktionsfirma, die Protagonisten, das Team sowie der engste Freundes- und Bekanntenkreis.

Durch Crowdfunding erweitert sich nicht nur der Kommunikationsradius. Es ändert sich auch der Zeitpunkt, an dem die Öffentlichkeit

von einem Projekt erfährt. Denn schon vor der eigentlichen Filmherstellung wird den zukünftigen Konsumenten das Projekt vorgestellt und damit überprüft, ob das Vorhaben auf öffentliches Interesse stößt. Ist das nicht der Fall, scheitert das Projekt in der Regel
beim Crowdfunding und dem ‚Alles-oder-nichts-Prinzip' der meisten
Plattformen. Marketing und Werbung bekommen somit einen viel
höheren Stellenwert und müssen als sehr zeitintensive Tätigkeiten
mit eingeplant werden. Bestand die Presse- und Öffentlichkeitsarbeit bisher vor allem daraus, den Kinostart mithilfe von Trailern,
Interviews, Werbeanzeigen und Plakaten ins öffentliche Interesse
zu rücken und Zuschauer anzusprechen, erfolgt sie nun schon vor
beziehungsweise parallel zur Realisation des Films.

Durch Crowdfunding geförderte Filme bauen dabei auf den viralen
Effekt: Beteiligt sich jemand an der Entstehung eines Filmes, ist
es sehr wahrscheinlich, dass er aus Überzeugung seinem Umfeld
davon erzählt. Somit werden die Unterstützer eines Crowdfunding-
Projekts selbst zu potenziellen Multiplikatoren. Dadurch entsteht
eine neue Form von Werbung und Marketing, welche sich viel
stärker am Einzelnen als an der Masse orientiert und trotzdem die
Crowd anspricht.

Kopplung von traditioneller Förderung mit Crowdfunding

Seit 2010 hat sich Crowdfunding zu einem geläufigen Instrument
der privaten Kulturförderung entwickelt. Sinkende öffentliche Förderungen auf der einen Seite, aber eine prosperierende Kultur- und
Kreativwirtschaft auf der anderen Seite zwingen mittlerweile alle
Beteiligten zu einem Umdenken.[160] „Crowdfunding bringt einen
neuen Spieler in die Kulturförderung: die Crowd und damit das
potenzielle Publikum. Getragen ist die Crowdfunding-Idee von der
Überzeugung, dass die Crowd Kultur durchaus zu schätzen weiß
und sich zunehmend auch – ermöglicht durch die neuen Medien –

an der Entstehung von kreativen Inhalten beteiligen möchten [sic!]"[161], wie Anna Theil und Dennis Bartelt im *Crowd Funding Handbuch* schreiben.

Auch die herkömmlichen, öffentlichen Förderinstitutionen können von einer Beteiligung der Crowd am Entscheidungsprozess profitieren: beispielsweise aufgrund der aktiven Entscheidung für ein Filmthema oder der direkten Mitgestaltung des Inhalts (Beisteuerung von Ideen oder Archivaufnahmen). Denn der Crowd-Gedanke kann durchaus attraktiv im Sinne einer finanziellen Entlastung und eines demokratisch-partizipativen Kulturverständnisses sein. Somit wären zukünftige Antragssteller gezwungen, für die Realisierbarkeit und Zweckmäßigkeit ihrer Projekte noch mehr Verantwortung zu übernehmen. Denn für den Fall des Misserfolgs eines geförderten Projekts müssten sie sich dann nicht nur gegenüber der Förderinstitution, sondern vor allem auch gegenüber ihren Unterstützern verantworten.

Da bei einer Kopplung von traditioneller Förderung und Crowdfunding die Entscheidungsfindung über eine Förderung in die Öffentlichkeit getragen werden würde, könnten auch Beschlüsse transparenter nachvollzogen werden. So bekäme die Öffentlichkeit erstmals Einblick in die eingereichten Projekte und es böten sich aufschlussreiche Orientierungspunkte, wie beispielsweise der Entwicklungsstand des Projekts, an denen sich auch zukünftige Antragsteller orientieren könnten. Außerdem bietet Crowdfunding schon heute ein Mehr an Transparenz, um sich beispielsweise darüber zu informieren, welche Filmprojekte gerade entwickelt beziehungsweise hergestellt werden. Neben den Fans profitieren hiervon nicht zuletzt auch Filmemacher und gegebenenfalls Produzenten, da sich dadurch das Risiko verringert, einen Film zu planen, der an anderer Stelle bereits produziert wird. Bisher bot sich dieser Überblick lediglich bei ‚Pitchingveranstaltungen' sowie über die Förderentscheide der Filmförderungen, welche regelmäßig auf deren Webseiten publiziert werden.

Einzelpersonen, Plattformbetreiber und vor allem das *German Crowdfunding Network* arbeiten mit Hochdruck daran, das Thema Crowdfunding den traditionellen Fördereinrichtungen näher zu bringen und entwickelt Wege, wie eine Finanzierung durch Crowdfunding mit den traditionellen Strukturen kombiniert werden kann: „Ein Ansatz ist, die Crowd in den Auswahl- und Förderprozess von kreativen Projekten miteinzubinden und damit eine neue Form der partizipativen Förderung zu ermöglichen"[162], schreibt Anna Theil. Ebenso bieten sich Crowdinvesting-Plattformen für eine Kombination bei der ‚Gelderbeschaffung' an, „indem z.B. gegenseitig Projekte vorgeschlagen werden oder Finanzierungsengpässe ausgeglichen werden".[163] Ein anderer Ansatz ist es, Crowdfunding als ‚Referenz' zu nutzen, um öffentliches Interesse zu beweisen und dies dann mit der traditionellen Förderung zu koppeln.

Es sollen im Folgenden die Co-Finanzierungsmodelle a) ‚Vorqualifizierung', b) ‚Matching' und c) Crowdfunding als ‚kommunales Förderinstrument' vorgestellt werden, ehe im Anschluss auf ein d) konkretes Co-Finanzierungsmodell für einen Dokumentarfilm eingegangen wird.

Besonders vielversprechend sind allgemein die ersten beiden Modelle ‚Vorqualifizierung' und ‚Matching'. Sie stellen auf überregionaler Ebene eine Möglichkeit dar, die Finanzierung durch Filmförderungen punktuell zu öffnen und somit Partizipation an der Entscheidungsfindung zu ermöglichen. „Damit entscheiden im Unterschied zur öffentlichen Kulturförderung nicht mehr nur Gremien, Kuratoren und Experten, welche Projekte förderungswürdig sind und welche nicht. Mit der Entscheidung der Crowd für ein kreatives Projekt entsteht ein Gütekriterium, das außerhalb des staatlichen Einflusses liegt und durch die Involvierung des Publikums demokratischer ist."[164] Die Crowd als neuer Akteur gilt als Indikator dafür, ob ein Projekt in der Öffentlichkeit auf Interesse stößt oder nicht. Dieses Messinstrument im Vorfeld der eigentlichen Filmherstellung ist bisher einzigartig. Slava Rubin, Gründer und Geschäftsführer von *Indiegogo*, geht davon aus, dass die Verantwortlichen der traditionellen Förderstrukturen zukünftig von sich aus die Beteiligung der Community forcieren werden: „Over the time crowdfunding will get stronger and stronger and even traditional ways of raising money will want to tap into this demand for research and audience-building as part of their investment."[165]

a. **‚Vorqualifizierung'**

Crowdfunding als ‚Vorqualifizierung' könnte für die öffentliche Förderung folgendermaßen genutzt werden: Nachdem ein Projekt über eine Crowdfunding-Plattform erfolgreich war, wählt eine Jury Projekte für die öffentliche Förderung aus. „Während die Förderinstitutionen weiterhin für Qualitätsanspruch stehen, liefert die Crowd die gesellschaftliche Relevanz."[166] Das würde für die Projekte einen doppelten finanziellen Gewinn bedeuten und könnte dazu führen, dass sich allgemein die Realisierungschancen für Filme mit einem größeren Budget erhöhen. Dass eine Mischfinanzierung aus klassischer Filmförderung und Crowdfunding möglich ist, beschreibt auch Michael Augustin in einer 2014 erschienenen Publikation. Er verweist darin auf das *Filmförderungsgesetz (FFG)*, welches durch Crowdfunding erwirtschaftetes Geld als Eigenmittel für die Antragsstellung bei der *Filmförderungsanstalt (FFA)* akzeptiert.[167]

b. **‚Matching'**

Eine weitere Möglichkeit der Kombination von Crowdfunding und öffentlicher Förderung ist das sogenannte ‚Matching': Die über eine Crowdfunding-Plattform generierten Gelder werden mit öffentlichen Geldern ‚gespiegelt'. ‚Spiegeln' bedeutet in diesem Kontext, dass Stiftungen, Kulturförderungen oder Unternehmen bei erfolgreichem Crowdfunding das Dokumentarfilmprojekt mit nochmals der gleichen Summe bezuschussen: Nimmt ein Dokumentarfilmprojekt über eine Crowdfunding-Plattform beispielsweise 10.000 Euro ein, würde bei der ‚Matchingmethode' die Fördereinrichtung den gleichen Betrag dazugeben, am Ende insgesamt also

20.000 Euro für das Projekt zur Verfügung stehen.

Der Filmemacher profitiert bei dieser Variante von der Mitwirkung der Crowd, und die Förderinstitution kann sich durch die Zustimmung der Zielgruppe eines öffentlichen Interesses sicher sein und muss außerdem nicht die gesamten Kosten für die Förderung alleine tragen.

In den USA existiert dafür bereits das Modell der sogenannten ‚Matching Funds', wo nach einem vorher definierten Schlüssel eine Spiegelung der erfolgreich zusammengetragenen Summe erfolgt.

c. **Kommunales Förderinstrument**

Zusätzlich könnte Crowdfunding auch als eine Art ‚kommunales Förderinstrument' fungieren. Laut den Erfahrungen der Plattformbetreiber unterstützen viele Menschen gerade Projekte in ihrer Region, da sie dadurch selbst von der Unterstützung profitieren und ihr kreatives Umfeld direkt mitgestalten können, wie z.B. bei den regional ausgerichteten Plattformen *Nordstarter* oder *Dresden Durchstarter*.

So betreibt die *Hamburg Kreativ Gesellschaft* seit 2011 die Plattform *Nordstarter* als Subplattform von *Startnext* für Projekte aus Hamburg und erklärt den Ansatz regionaler Plattformen folgendermaßen: „Die Einbindung von regionalen Multiplikatoren über Sub-Plattformen hat vielfältige Vorteile: Die Zusammenarbeit mit Multiplikatoren aus dem Kultur- und Kreativbereich erhöht den Wirkungsgrad von Crowdfunding in der Region."[168]

In Dresden hat *Startnext* gemeinsam mit dem *Amt für Wirtschaftsförderung* 2012 die regional verortete Subplattform *Dresden Durchstarter* ins Leben gerufen. Anders als *Nordstarter*, die als Crowdfunding-Plattform vor allem zur Förderung der kulturellen Landschaft Hamburgs agiert, hat sich die Dresdner Plattform ein effizientes Stadtmarketing zum Ziel gesetzt. [169]

Mit bisher eher geringen Beträgen beginnen auch die
traditionellen Filmförderungsinstitutionen sich dem ‚Crowd-
Gedanken' und damit verbunden den Crowdfunding-Plattfor-
men anzunähern. So findet etwa einmal jährlich unter dem
Label *Crowd for shorts* ein Wettbewerb für Filmemacher aus
Hamburg und Schleswig-Holstein statt. Die *Hamburg Kreativ
Gesellschaft* hat eigens hierfür, gemeinsam mit der *Filmförde-
rung Hamburg Schleswig-Holstein (FFHSH)* und dem Verein
Kurz Film Agentur aus Hamburg eine eigene Unterseite auf
Nordstarter angelegt, auf der dieser Wettbewerb stattfindet.
Der erste Durchgang von *Crowd for shorts* hatte zwischen
November 2013 und Februar 2014 sieben teilnehmende
Kurzfilmprojekte. Jedes Projekt startete eine eigenständige
Crowdfunding-Kampagne als Teilnehmer des Wettbewerbs,
mit individuellen Gegenleistungen, Texten und eigenem
Pitchingvideo. Die gesetzte Zielsumme war den Projektinitiato-
ren freigestellt, lediglich das Erreichen der ‚100-Prozent-Gren-
ze' war Voraussetzung, um an der Ausschüttung teilzunehmen.
Am Ende zählte die Anzahl der Unterstützer und die drei
publikumswirksamsten Projekte erhielten jeweils 1.000 Euro
sowie ein Screening beim *Internationalen Kurzfilm Festival
Hamburg*. Mit 1.057 Teilnehmern war *Crowds for shorts* 2013
ein großer Erfolg und ging deshalb 2014 in die zweite Runde.[170]
Beim *MDM Nachwuchstag KONTAKT* kooperieren *Startnext*
und die *Mitteldeutsche Medienförderung* seit 2012 miteinander. Auch dieser Wettbewerb mit filmischer Ausrichtung hat
einen regionalen Ansatz: Junge Regisseure und Autoren aus
Sachsen, Sachsen-Anhalt und Thüringen stellen ihre Projekt-
ideen beim Pitching einer Jury vor, um Finanzierungspartner
zu finden. Neben dem herkömmlichen Jurypreis gibt es seit
2012 einen Förderpreis, der von der Onlinecommunity von
Startnext vergeben wird. Zu gewinnen ist u.a. eine Startfinan-
zierung auf der Plattform sowie Preise im Wert von 2.000 Euro.

Zusätzlich wird ein Workshop zu den Themen Crowdfunding und Social Media angeboten.

Die Plattform *VisionBakery* wurde 2010 in Leipzig gegründet und ist für alle Projekte, unabhängig des Standorts, offen. Bei genauerer Betrachtung fällt jedoch auf, dass der Großteil der Kampagnen aus der Region Mitteldeutschland kommt. *VisionBakery* schafft es offenbar erfolgreich, sich in der Region zu verorten und regionale Projekte vom Crowdfunding zu überzeugen. Ein erfolgreiches Beispiel ist hierfür der Leipziger Filmemacher Enno Seifried, der Anfang 2015 seinen vierten dokumentarischen Film über die Plattform *VisionBakery* finanzierte und über 80.000 Euro damit einnahm.

d. Mögliches Co-Finanzierungsmodell für einen Dokumentarfilm

Das hier vorgestellte und bereits im Jahr 2011 entwickelte Modell liefert praktische Anhaltspunkte, wie eine Finanzierungskopplung zwischen öffentlichen und privaten Förderern funktionieren könnte, um einen Dokumentarfilm in Höhe von 50.000 Euro zu finanzieren.

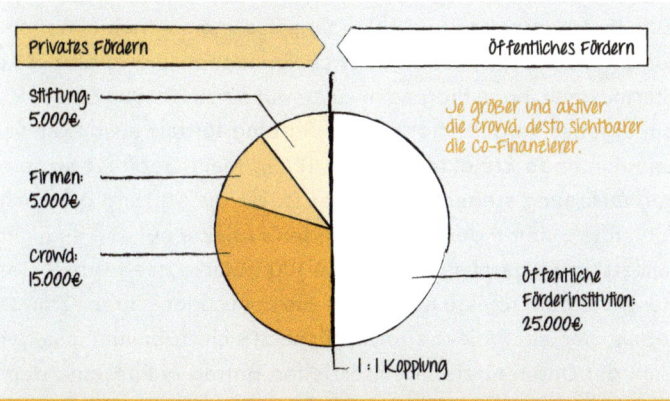

Abb. 9: Co-Finanzierungsmodell. Beispiel: Finanzierung eines Dokumentarfilms i.H.v. 50.000 Euro

Bei diesem Modell werden die öffentlichen Gelder der Förderinstitutionen 1:1 an die privaten Fördermittel (Crowd, Firmen & Stiftungen) gekoppelt bzw. davon abhängig gemacht. Das bringt für die öffentlichen Fördereinrichtungen die Sicherheit, dass eine gesellschaftliche Relevanz für das Projekt bestehen muss, da die Crowd vom Thema überzeugt werden konnte. Private Finanziers, wie Firmen, haben wiederum einen Anreiz, in das Projekt zu investieren, denn sie können von der viralen Verbreitung der Informationen (auch über ihr eigenes Unternehmen) im aufgebauten Social Network der Crowd profitieren. Auch kleine private Stiftungen könnten sich in die Förderung einklinken und ihr bevorzugtes Kopplungsmodell anwenden. Im Endeffekt kann damit von einer ,Win-Win-Situation' für alle Beteiligten gesprochen werden: Je größer die Crowd, desto mehr Ansehen und Sicherheit erhalten die Filmemacher für ihr Projekt, die Finanziers für ihre Unterstützung und die öffentliche Filmförderung für ihre 50-prozentige Beteiligung. Die Crowd selbst hätte wiederum für die Umsetzung eines konkreten dokumentarischen Kinofilms gesorgt und wäre dabei obendrein von Anfang an in das Filmprojekt involviert.

Eine Besonderheit für die gelungene Zusammenarbeit einer Stiftung mit der Crowd ist die *Aventis Foundation*. Sie vergibt über Startnext mit ihrem Programm *kulturMut* bis zu 200.000 Euro über ein eigenes Vergabemodell. Die Stiftung fördert ausgewählte, teilnehmende Projekte aus dem Rhein-Main-Gebiet: Mit dem zur Verfügung stehenden Budget stockt die Stiftung die noch fehlende Summe der teilnehmenden Projekte auf, die es nicht selbstständig geschafft haben, die 100% Marke zu erreichen. Die Rangliste der Projekte ergibt sich aus dem sogenannten ,Crowd-Index', den ein Projekt erreicht. Er setzt sich zusammen aus der Zahl der Unterstützter, dem erzielten Betrag in Euro und dem Anteil des erreichten Betrags am Finanzierungsziel. Die *Aventis Foundation* bietet damit eine neuartige Form der Unterstützung kreativer Projekte.

Denkbar wäre allgemein auch, dass Fernsehredaktionen und Filmförderungen einen Teil ihres Budgets in Crowdfunding-Projekte stecken. Mit dem gezeigten Interesse könnten sie die Aufmerksamkeit auf ein spezifisches Projekt lenken und dadurch ein Signal für andere Unterstützer setzen. Damit würden vollkommen neue Formen der Beantragung von Fördergeldern bzw. der Bewerbung um Koproduktionen mit Fernsehsendern entstehen.

Von der Theorie zur Praxis
Öffentliche Statements der Filmförderinstitutionen und Fernsehsender zum Thema Crowdfunding und einer möglichen Kooperation im Sinne einer Kopplung sind bisher leider sehr rar. Lediglich Daniel Saltzwedel, Referent für Dokumentar- und Spielfilm beim *Medienboard Berlin-Brandenburg* äußerte sich im Rahmen einer Podiumsdiskussion der *Documentary Campus Final Pitching Session* im November 2011 offen und optimistisch gegenüber der Idee des ‚Matching': „I'm all open for that, but you need to tell our local government to change our structure. Because they actually tell us what to do or not to do. But that would be an idea. We match what you gain. Why not?"[171]
Jutta Krug, Redakteurin des *WDR* als auch Henning Kunze, Förderreferent von *nordmedia,* kritisieren jedoch die ausschließliche Entscheidung der Crowd und betonten in Gesprächen, dass sie nicht bereit sind, ihre Entscheidungsgewalt komplett aus der Hand zu geben.[172] Ihr hauptsächliches Gegenargument lautet, dass nicht nur produziert werden könne, was der Masse gefällt. Auch die britische Autorin Claire Fox ist skeptisch gegenüber einer ausschließlichen Entscheidung der Masse: Würde man sich nur nach dem richten, was im Netz angeklickt wird, bedeutet das nicht automatisch, dass sich Qualität durchsetzt. Wäre dies der Fall, müsste der Gewinner der Castingshow *X-Faktor* der beste Sänger der Welt sein.[173]
Es ist anzunehmen, dass das wohl aussichtsreichste Modell eine zukünftige Kopplung von traditionellen Förderungen mit innovativen

‚Crowd-Initiativen' darstellt. Bis es dazu kommt, bedarf es jedoch noch vieler erfolgreicher Filme, die ausschließlich mit Hilfe von Crowdfunding zustande kommen, um auch alteingesessene Gremienmitglieder der Filmförderinstitutionen davon zu überzeugen, welche Möglichkeiten Crowdfunding vor allem im Bereich Film bietet.

Vor- und Nachteile – Crowdfunding und traditionelle Förderung

Vorteile	Nachteile
traditionelle Förderinstitutionen	
» große Budgets » etablierte Form der Mittelbeschaffung » langjährige Erfahrung in der Abwicklung » Ansprechpartner während der Produktion » geeignet für finanziell aufwendige Projekte » Förderrichtlinien und intensive Prüfung schützen vor Missbrauch der Gelder » Blick auf Marktchancen und Verwertbarkeit der Projekte	» kompliziertes und zeitaufwendiges System der Mittelbeschaffung » langsame Entscheidungsprozesse » starrer Regelkatalog » wenig Transparenz im Entscheidungsprozess » keine Einflussnahme möglich (durch Crowd bspw.) » Bekanntheitsgrad der Antragssteller ist von Bedeutung » experimentelle Projekte teilw. schwer zu finanzieren
Crowdfunding	
» komplizierte Förderstrukturen werden umgangen » Kombination von Marketing, Finanzierung und Kommunikation	» von den Wünschen des Publikums/der Crowd abhängig » ‚Alles-oder-nichts-Prinzip' » relativ geringe Finanzierungssummen

- » kein inhaltlicher Einfluss der Geldgeber, außer wenn gewünscht
- » Einzug der technischen und partizipatorischen Möglichkeiten des Internets
- » Möglichkeit zur ‚Gapfinanzierung'
- » große Transparenz Potenzial- und Marktanalyse durch Resonanz des Publikums – Blick auf Marktchancen und Verwertbarkeit der Projekte
- » mehr demokratische Teilhabe durch Involvierung des Publikums
- » Erhöhung der Reichweite eines Themas

- » eher für kleine Projekte geeignet
- » Auseinandersetzung mit Social Media und Marketing ist erforderlich
- » zeitintensiv
- » Risiko des Ideenklaus, wenn das Projekt schon in der Entwicklungsphase öffentlich wird
- » Crowd zahlt in der Regel Geld ohne direkt eine Gegenleistung zu erhalten – Einlösung erfolgt erst nach Projektabschluss

An vielen Punkten steht Crowdfunding im kompletten Gegensatz zum Vorgehen der traditionellen Filmförderung. Zwei der wesentlichen Punkte, der für eine traditionelle Mittelbeschaffung spricht, ist zum einen das hohe finanzielle Volumen der Förderanstalten, sowie das den Institutionen innewohnende Renommee durch ihre langjährigen Erfahrungen in der Branche. Dies wiederum hat einen nicht zu unterschätzenden Effekt auf weitere Geldgeber (für evtl. Koproduktionen, Senderbeteiligungen). Dabei ist der Bekanntheitsgrad des Antragstellers von nicht unerheblicher Bedeutung für die Fördereinrichtungen: Ein Filmemacher mit bereits ‚erfolgreich' realisierten Projekten, denen eine problemlose Abwicklung im Förderprozess vorangegangen ist, verspricht Sicherheit. Beim Crowdfunding ist dies grundsätzlich anders: Da hier die ‚gate keeper' fehlen und die Finanzierung dezentral durch die Crowd passiert wird Crowdfunding aktuell insbesondere von den ‚No-Names' der Branche

(Debütanten, Quereinsteiger, Autodidakten) genutzt, um auch ohne großen Namen Gelder für das eigene Dokumentarfilmprojekt zu akquirieren. Die Dokumentarfilmerin Jenny Hellmann stellt fest: „Für Quereinsteiger ist es schwierig, eine Förderung für einen Erstlingsfilm zu bekommen. Die Bedingung, dass eine Produktionsförderung nur vor dem ersten Drehtag möglich ist, macht es unmöglich, mit erstem Material zu zeigen, dass man einen guten und professionellen Film drehen wird."[174] Unbekannte Filmemacher mit außergewöhnlichen Ideen, die neues filmisches Terrain betreten, müssen bei den großen deutschen Filmförderern viel Überzeugungsarbeit leisten und auch diese fruchtet oft nur mit einer gehörigen Portion Glück und guten Kontakten zu wichtigen Entscheidungsträgern. Filmische Experimente oder eigenwillige Storys bzw. Drehbücher haben es grundsätzlich oft sehr schwer, öffentlich gefördert zu werden, da sie keine guten Marktchancen und eine nur geringe kommerzielle Verwertbarkeit versprechen. „Der Dokumentarfilm und insbesondere der politische Dokumentarfilm ist ein komplizierter Bereich, eine Nische, für die es besonders schwierig ist, Massen zu mobilisieren. Gleichzeitig bietet Crowdfunding eben eine wunderbare Möglichkeit, mehr Menschen darauf aufmerksam zu machen, wie spannend politischer Dokumentarfilm sein kann"[175] erörtert Jenny Hellmann im Gespräch. Gerade solchen Projekten bietet Crowdfunding eine gute Plattform, um Liebhaber dieser Filmkunst zu finden, die bereitwillig Geld geben und damit zum Teil des Filmprojekts werden.

Ein weiterer gewichtiger Unterschied zwischen Crowdfunding und traditioneller Förderung betrifft die Dauer der Finanzierungszusage und damit Planung des Filmprojekts. Bei der ‚traditionellen' Filmförderung kommt es in der Regel monatelangen Wartephasen intensive Prüfung mit dem Ziel der Vorbeugung eines Missbrauchs der Gelder. In dieser Zeit ist die Finanzierung des Filmprojektes unsicher und die weitere Arbeit am Film für die Filmemacher fast unmöglich. Der Auswahlprozess der Förderkommission kann kaum bzw. gar nicht von außerhalb nachvollzogen werden, da die Gespräche hinter verschlossenen Türen stattfinden. Erst die bereits getroffenen Entscheidungen werden öffentlich bekannt gegeben, so dass eine Einflussnahme von Seiten des Antragstellers zur Erhöhung der Förderchancen kaum möglich ist. Gleichzeitig schützt es das geplante Filmprojekt vor einem Ideendiebstahl, was bei Crowdfunding-Aktionen durch ihren Transparenzanspruch (die völlige Preisgabe der gesamten Filmidee) nicht gewährleistet werden kann.

Beim Crowdfunding hingegen ist der Initiator nur an die Zustimmung und Unterstützung der Crowd und sein eigenes Gewissen gebunden. Bürokratische Hürden und Wartezeiten entfallen damit komplett und die Transparenz für Entscheidungen wird gewahrt. Jederzeit kann die Crowd nachvollziehen, wie viel Geld eingenommen wurde.

Beispiele für Dokumentarfilme, die ganz oder teilweise über Crowdfunding finanziert wurden

Im folgenden Kapitel soll anhand von vier Dokumentarfilmprojekten exemplarisch aufgezeigt werden, wie Kampagnen geplant werden bzw. verlaufen. Dazu wurden Filmemacher aus Berlin, Dortmund und Leipzig zu ihren Erfahrungen auf *Startnext* und *Visionbakery* befragt.

**„Am Borsigplatz geboren.
Franz Jacobi und die Wiege des BVB"**

Filmemacher:	Marc Mauricius Quambusch, Senior Producer bei Riesenbuhei Entertainment
Laufzeit:	111 Minuten
Inhalt:	Dokumentation über Franz Jacobi, den Gründer des BVB (Fußball)
CF Plattform:	Startnext

Fundingschwelle:	120.000 €
Fundingziel:	250.000 €
Erhaltener Betrag:	217.892 €
Unterstützer:	2.975/ Fans: 1.609
Laufzeit:	106 Tage (2013)

STARTNEXT
FRANZ JACOBI
» www.perm.ly/dac03

Der Produzent und Filmemacher Marc Mauricius Quambusch initiierte die bisher erfolgreichste deutsche Crowdfunding Kampagne über die Plattform *Startnext*: „[...] Es gibt außer Startnext für Filmprojekte eigentlich keine Plattform. Es ist die größte deutsche Crowdfunding-Plattform und war deshalb relativ alternativlos."[176] Zusammen mit seinen Teammitgliedern Jan-Henrik Gruszecki und Gregor Schnittker nahm er auf *Startnext* für das Dokumentarfilmprojekt über Franz Jacobi, den Gründungsvater des Fußballvereins Borussia Dortmund, 217.892 Euro ein. Der Film ist ein Langdokumentarfilm (111 Minuten) und wurde 2013 von 1.609 Fans innerhalb von 106 Tagen finanziert. Auffällig ist, dass das Filmprojekt mehr geldgebende Supporter (2.975) als Fans (1.621) aufweist.

Es gelang Quambusch auf *Startnext*, die Fundingschwelle von 120.000 Euro zu erreichen. Dieser Betrag war notwendig, um den Film grundsätzlich umsetzen zu können. Mit der Kampagne sollte generell Geld für die Recherche- und Dreharbeiten sowie 3D-Animationen gesammelt werden. Das Fundingziel von 250.000 Euro – notwendig für aufwendige Zusatzdrehs, wie Reenactment und Szenenbau der Gründungsjahre – wurde mit einem insgesamt eingesammelten Betrag von 217.892 Euro auf der Plattform verfehlt.

Alle drei Mitglieder des Filmteams sind in der BVB-Fanszene und Medienbranche verortet und konnten ihre Netzwerke (*Facebook*, *Twitter*, BVB-Blogs, die BVB-Fanseite etc.) entscheidend für die Online-Kommunikation nutzen. Das mehrköpfige Team arbeitete intensiv im Bereich Social Media, um die Kampagne in die Öffentlichkeit zu tragen. Das eingestellte Pitchingvideo wurde mit Fußballpathos gestaltet, um die Crowd, das heißt in diesem Fall die Fußballfans, direkt anzusprechen. Die Macher präsentieren sich selbst als echte BVB-Fans: „Wir wollten einen Film von Fans für Fans machen. Ohne Kompromisse und ohne ihn auch noch für Leute erklären zu müssen, die keine BVB-Fans sind. Deswegen war uns klar, dass wir diesen Film nur per Crowdfunding realisieren wollen, wenn er so werden soll, wie wir ihn im Kopf hatten."[177]

Die Vorstellung des Projekts auf *Startnext* wurde knapp gehalten, aber präzise und strukturiert. Neben exklusiven Gegenleistungen für die Fans, die es im regulären Handel nicht zu kaufen gibt (so z.B. eigens produzierte BVB-Fanartikel wie eine Vereinsnadel, das Gründungstrikot, Schals und Replica der Ehrenurkunde Jacobis), zeichnete sich die Kampagnengestaltung besonders durch eine Vielzahl weiterer Aktionen aus. So organisierten die Projektinitiatoren besondere Veranstaltungen („Tanz für Franz"), Zugang zu Hintergrundinformationen, die explizite Nennung einiger Groß-Spender auf ihrem Blog sowie Extravideomaterial. Zudem unterstützte der Fußballverein Borussia Dortmund selbst das Team. So fungierten bekannte Gesichter als wichtige Multiplikatoren für das Projekt, beispielsweise durch die Versteigerung eines Trikots von Marco Reus auf eBay sowie eine Autogrammstunde mit Trainer Jürgen Klopp. Zusätzlich unterstützte der Verein das Projekt auch monetär mit 50.000 Euro.[178] „Der Verein kennt das Projekt und findet es gut und auch wichtig. Er stellt uns Kommunikationswege zur Verfügung, um die Kampagne zu bewerben und vermittelt auch mal direkten Kontakt zu möglichen Sponsoren, von denen wir denken, dass sie gleichermaßen an der Geschichte vom BVB interessiert sind und denen es nicht nur um Werbung geht."[179] äußert sich Marc Mauricius Quambusch im Interview.

Während der fast viermonatigen Kampagne gab es neben den zahlreichen Aktionen elf Blogeinträge auf dem Kampagnenblog bei *Startnext* und eine rege und außergewöhnlich hohe Interaktion mit der Crowd (267 Einträge auf der Pinnwand). Wie wichtig dabei die Vorbereitung war, bestätigt Quambusch: „Wir haben eigentlich die kompletten Monate des Fundings durchgeplant und hatten für jede Woche mehr oder weniger eine Aktion am Start. Mal kleiner und mal größer. Gerade für das Loch in der Mitte der Kampagne. Das ist ganz wichtig, dass man weiß, dass nach halber Strecke wenig geht und da was vorbereitet."[180] Die Projektinitiatoren haben damit eine Mixtur aus Veranstaltungen online und offline geschaffen.

„Geschichten hinter vergessenen Mauern – Lost Place Storys aus Leipzig I-III"

Filmemacher:	Enno Seifried, arbeitet als freischaffender Künstler beim Theater
Laufzeit:	95 Minuten, 95 Minuten, 180 Minuten
Inhalt:	Plätzen in Leipzig wird durch Interviews Leben eingehaucht
CF Plattform:	VisionBakery
Fundingziel:	5.595 € / 8.000 € / 6.000 €
Erhaltener Betrag:	12.000 € (214%) / 22.187 (277%) / 21.626 € (360%)
Unterstützer:	356 / 475 / 586
Laufzeit:	40 Tage (2012) / 133 Tage (2013) / 52 Tage (2014)

GESCHICHTEN HINTER VERGESSENEN MAUERN
» www.perm.ly/dac01

Der Filmemacher Enno Seifried erzielte mit seiner Dokumentarfilm-Trilogie über vergessene Orte in Leipzig bisher das beste Kampagnenergebnis für *VisionBakery* mit insgesamt 55.813 Euro. Dabei lag er bei allen drei Projekten jeweils mit mehr als 200 Prozent über dem eigentlichen Fundingziel, beim letzten Projekt sogar zu 360 Prozent darüber. Die drei Projekte hatten eine Laufzeit von 40, 133 bzw. 52 Tagen und verzeichneten im Schnitt 400 Unterstützer. Mit dem Geld sollten sowohl die Produktion der Filmprojekte als auch die Premierenveranstaltungen finanziert werden. Enno Seifried, der sich selbst der Theaterszene zuordnet, arbeitete mit durchschnittlich neun Teammitgliedern an jedem Projekt, darunter Profis aus der Filmbranche, dem Theater und ein Mitbegründer von *VisionBakery*. Alle drei Pitchingvideos (je circa 6 Minuten) wurden professionell produziert und beinhalten selbstironische Elemente sowie teilweise Filmausschnitte aus den vorhergehenden Filmen. Die Videos haben Leipziger Lokalkolorit und arbeiten mit pathetischen musikalischen oder animierten Elementen. Es wurden zahlreiche Kommunikationskanäle wie *Facebook*, *YouTube* oder die eigene Homepage genutzt, um auf das Projekt aufmerksam zu machen. Während der Laufzeit gab es mehrere Blogeinträge (durchschnittlich 11) auf *VisionBakery* sowie intensive Social Media Arbeit So wurde die Crowd intensiv über Neuigkeiten, Making-ofs, persönliche Ansprachen, Fotos und Hinweise auf erschienene Interviews in der Presse in das Projekt involviert. Die große Bedeutung der Interaktion mit der Crowd hebt Filmemacher Enno Seifried heraus: „Die Kommunikation mit der Crowd ist meiner Meinung nach genau das, was Crowdfunding ausmacht. Man weiß einfach, dass jeder einzelne Unterstützer das Projekt unterstützt, weil er es verwirklicht sehen will und sich auf das fertige ‚Produkt' freut.

Das heizt an und macht Mut. Man möchte am liebsten jedem einzelnen ‚Danke' sagen. Crowdfunding ist transparent. Wenn man sich während der Projektphase in Kommunikation mit der Crowd in Richtung Ziel bewegt, ist das für alle Beteiligten, ob Initiator oder Unterstützer, ein und derselbe Weg. Das Ziel soll gemeinsam erreicht werden und die Crowd wird zum Teil des Projektes. Kommuniziere ich, was ich gerade tue, bekomme ich von der Crowd Feedback. So lernt man dazu, wird Teil der Crowd und fiebert gemeinsam dem Ziel entgegen. Eins ergibt und ergänzt das andere, bringt das Projekt voran und führt zum Erfolg... Aber nur mit Kommunikation."[181] Als Gegenleistung bot das Team den Fans eine Auswahl an T-Shirts, Kalender, Filmmusik-CDs und Premierentickets.

„Der Lauf der Dinge"

Filmemacher:	Alexander Biedermann, Studium Medienwissenschaft und Psychologie
Laufzeit:	120 Minuten
Inhalt:	Veränderung und Umbau der Alten Leipziger Messe, filmische Dokumentation über ein Jahr
CF Plattform:	VisionBakery
Angesetzter Betrag:	7.833 €
Erhaltener Betrag:	8.147 € (104 %)
Unterstützer:	94
Laufzeit:	55 Tage (2013)

DER LAUF DER DINGE

» www.perm.ly/dac02

Alexander Biedermann hat für seinen langen Dokumentarfilm *Der Lauf der Dinge* über die Crowdfunding-Plattform *VisionBakery* 8.147 Euro eingenommen. Zusammen mit Produzent Markus Simon und Kameramann Daniel Laudowicz plante er ein Dokumentarfilm über die Veränderung und den Umbau der Alten Messe in Leipzig. Die drei Teammitglieder sind alle Filmprofis, die über das nötige Know-how für eine Filmproduktion verfügen. Innerhalb von 55 Tagen und mit 94 Unterstützern wurde eine Überfinanzierung von 104 Prozent erreicht. Weil die *Kulturstiftung Sachsen* und die *Sächsische Landesmedienanstalt* mit ihren Unterstützungsgeldern nur einen Teil des Produktionsbudgets abdeckten, entschied sich Alexander Biedermann für eine Crowdfunding-Kampagne auf *VisionBakery*.

Mit einer ausführlichen Projektbeschreibung sowie der Vorstellung der persönlichen Intention und Motivation, professionellen Fotos zum Team und dem Ort des Filmdrehs war die Seite bei *VisionBakery* gefüllt mit Informationen. Das Pitchingvideo war sehr aufwendig gestaltet, bspw. mit Aufnahmen einer Drohne über dem Messegelände. Zudem zeigte es die geplanten Schauplätze für den Dreh. Die Crowd wurde mit 12 Blogbeiträgen involviert bspw. durch die Präsentation der Produktionszwischenstände sowie die Abstimmung über ein Postkartenmotiv. „Crowdfunding bot für uns mehrere Chancen. Zum einen konnten wir so einen Teil der Filmfinanzierung absichern. Andererseits wollten wir den Marketingeffekt nutzen, sprich schon in einer sehr frühen Phase parallel zum Projektstart eine Öffentlichkeit entwickeln. Wichtig war uns außerdem, die Leute nicht nur mit Informationen zu füttern, sondern auch das Feedback in die Filmentstehung einfließen zu lassen."[182]

Für die finanzielle Unterstützung erhielt die Crowd zum Teil sehr exklusive Gegenleistungen: Zum Beispiel ein Fotobuch und Fotokunstdrucke der sehr hochwertigen Fotografien, die man auf der Kampagnenseite zu sehen bekam. Außerdem weitere Gegenleistungen, welche sich direkt auf den Gegenstand des Filmes bezogen: Eine Führung durch die verlassenen Hallen mit dem Filmteam oder ein Fotoshooting auf der Alten Messe. Trotz der äußerst kreativen Auswahl an Gegenleistungen kam es im Laufe der Kampagne zu Schwierigkeiten: „In der circa zweimonatigen Kampagne gab es Höhen und Tiefen. Nach wenigen Tagen hatten wir ein Drittel der Zielsumme gesammelt. Allerdings ließ die Unterstützung nach den ersten zwei Wochen ziemlich nach. Über die ‚News-Funktion' bei *VisionBakery* haben wir Informationen aus den Dreharbeiten lanciert, genauso auch über *Facebook*. Zur persönlichen Ansprache habe ich, wie auch der Produzent Markus Simon, einen Emailverteiler eingerichtet. Nach Wochen schleppender Beteiligung waren wir noch weit von unserer Zielsumme entfernt. Erst wenige Tage vor Kampagnenende und einigen direkten Aufforderungen über genannte Kanäle stiegen wieder Unterstützer ein, sodass wir am letzten Tag die Zielsumme von 8.000 € erreichten."[183] Die direkte Kontaktaufnahme bleibt ein wichtiges Erfolgsrezept, da persönliche Telefonanrufe oder Emails oftmals wirksamer sind, als eher allgemein gehaltene Social-Media Postings oder gar Pressemeldungen.

„Comrade Where are you today?"

Filmemacher:	Christian Stollwerk, Studium Fernseh- und Filmproduktion; Kirsi Marie Liimatainen, Studium Schauspielerei (Finnland) und Regie (Deutschland)
Filmdauer:	langer Dokumentarfilm
Inhalt:	eine finnische Austauschstudentin war 1988/1989 während ihres Studiums in der DDR, 24 Jahre später besucht sie ihre ehemaligen Kommilitonen
CF Plattform:	Startnext
Angesetzter Betrag:	11.000 €
Erhaltener Betrag:	19.320 € (176 %)

Unterstützer:	282
Laufzeit:	51 Tage (2014)

COMRADE WHERE ARE YOU TODAY?
» www.perm.ly/dac04

Die Regisseurin Kirsi Marie Liimatainen nahm zusammen mit ihrem Filmkollegen und Produzenten Christian Stollwerk für den Langdokumentarfilm *Comerade Where are you today?* 19.320 Euro über *Startnext* ein. Das Thema des Films ist sehr persönlich: Es geht um die Regisseurin selbst.

Mit Hilfe ihrer 336 Fans und 282 Unterstützer wurde über einen Zeitraum von 51 Tagen eine 176 prozentige Überfinanzierung des Projekts erreicht. Das überraschte selbst die die Regisseurin: „Es war viel Arbeit, aber ganz ehrlich – ich hätte nicht mal in meinen Träumen gedacht, dass uns so viele Leute unterstützen! Also man kann so sagen; ich versuchte 100 Prozent zu geben und bekam 200-prozentige Unterstützung zurück."[184] In einer ausführlichen Projektbeschreibung stellen die Kampagneninitiatoren die Filmidee, ihre Herangehensweise und ihren Zielbetrag vor. Ziel des Crowdfunding war die Finanzierung der Postproduktion des Films sowie der Rechteankauf für Archivmaterial: „Man kann sagen, dass wir komplett die ganzen Kosten für die Postproduktion in unserem Budget unterschätzt hatten. Crowdfunding war der einzige Weg, um den Film fertigzustellen."[185]

Als Gegenleistungen konnte die Crowd zwischen T-Shirts, Roter-Stern-Ansteckern und der aktiven Beteiligung als ‚Associate Producer' wählen. Beim gesamten ‚Funding-Prozess' konnten die Filmemacherin und ihr Kollege auf ihr ‚Know-how' als Filmprofis zurückgreifen, was sich bei der Projektbeschreibung und beim

Pitchingvideo deutlich zeigt. Weiterhin standen während der Kampagne sechs Mitarbeiter zur Verfügung.

Im Pitchingvideo stellt die Filmemacherin ihre Filmidee am Ort des Geschehens vor. So begleitet der Zuschauer Kirsi Liimatainen, die auch zugleich Protagonistin des Films ist, zu ihrer alten Jugendhochschule, die sie als finnische Austauschstudentin zwischen 1988 und 1989 besuchte. Sie spricht die Zuschauer direkt an, als Zeitzeugin und als Filmemacherin. An das eigentliche Pitchingvideo angehängt wurde der Teaser des Films, der Szenen aus dem Film und Bilder von den Recherchereisen zeigt. Mit 38 Blogeinträgen auf der *Startnext*-Pinnwandseite – zur Erweiterung der Zielgruppe auf Deutsch/Finnisch und Englisch – wurden die Fans durch zahlreiches Zusatzmaterial, Special-Events und Bildmaterial in die Filmproduktion involviert (z.B. durch Interviews/Berichte in der Presse und in Radiostationen in Finnland und Deutschland, ein Fest des Freundeskreises der Jugendhochschule, Stimmen von Befürwortern des Projektes, Archivaufnahmen oder durch Bilder zum Filmdreh). Den Aufwand der Kampagne schätzt Kirsi im Nachhinein folgendermaßen ein: „Als die Kampagne dann schon lief, hatte ich ein Gefühl, dass ich täglich die Crowd informieren und updaten will und dann merkte ich, dass ich doch eigentlich sehr beschäftigt war mit der Kampagne – man kann sagen, dass es wie zwei Monate extra Arbeit war (unsere Kampagne lief zwei Monate). Unterstützung bekam ich von meiner Lebenspartnerin – sie und ich posteten und updateten tagtäglich über das Projekt und die Kampagne. Meine Cutterin hat auch fleißig Werbung gemacht. Und letztendlich waren die Crowd, die Fans und die Medien (Interviews im Radio und in Zeitungen) eine große Unterstützung."[186]

Fazit aus den vorgestellten Beispielen

Mithilfe der vorgestellten, erfolgreich finanzierten dokumentarischen Filmprojekte kann festgestellt werden, dass alle Filmemacher und deren Projekte passioniert und sympathisch wirken. Die Crowd wird in den schriftlichen und audiovisuellen Vorstellungen der

Filmprojekte zumeist direkt angesprochen, da sich die Filmemacher als Teil von ihr identifizieren. Die Identifizierung erfolgt auf verschiedene Art: Durch den Lokalkolorit der Sprache (bei Enno Seifried die Leipziger Mundart), durch die Wahl des Themas (Leipziger Messe, Vergessene Orte in Leipzig) oder durch die Begeisterung für das Filmobjekt (z.B. den Fußballverein Borussia Dortmund).

Bewusst haben sich einige Filmemacher für die in Leipzig ansässige Plattform *VisionBakery* als regionalen Multiplikator entschieden und nutzten den Leipzigbezug für die Filmfinanzierung ihres Projektes (Leipziger Messe, Vergessene Orte in Leipzig).

Die Pitchingvideos sind zumeist sehr professionell gestaltet und produziert, doch die Vorstellung der Filmemacher ist ungestellt und locker und damit in ihrer Wirkung sehr authentisch. Die Projektvorstellung und das Pitchingvideo mehrsprachig zu gestalten bietet sich an, um die Reichweite der Kampagne zu erhöhen. So hat das Projekt *Comrade Where are you today?* nicht nur das Pitchingvideo inklusive Teaser komplett untertitelt, sondern in den Blogs teilweise sogar dreisprachige Posts (finnisch / englisch / deutsch) erstellt.

Immer hat es sich als sehr effektiv herausgestellt, wenn über viele Kanäle mit der potentiellen Zielgruppe kommuniziert wurde. Dabei hatten die Projekte mit insgesamt mehr Posts auf ihren Seiten auch ein größeres Publikumsecho. Die Macher von *Comrade Where are you today?* posteten mit 37 Blogeinträgen am häufigsten. Hierbei ist vor allem der Ideenreichtum der Filmemacher gefragt.

Auffällig bei dem Filmprojekt *Am Borsigplatz geboren. Franz Jacobi und die Wiege des BVB* ist der gezielte Rückgriff sowohl auf die Fanbase als auch die Vereinstrukturen des Fußballvereins Borussia Dortmund. Durch die Organisation von Events (Konzertabende) und das Angebot besonderer Ereignisse für die Fans (Autogrammstunde mit dem BVB-Trainer Jürgen Klopp, signierten Originaltrikots von Spielern) und die Unterstützung des mittlerweile wieder wirtschaftlich potenten Vereins Borussia Dortmund konnte eine bis dato nie erreichte Summe von über 200.000 Euro eingenommen werden.

Die meisten Projektstarter hatten Erfahrung im Medienbetrieb und konnten diese gezielt nutzen, entweder durch das Anzapfen vorhandener Kanäle und Netzwerke (Kontakte zu Radiostationen, Online-Medien, Presse usw.) oder durch ihre Erfahrungen im filmischen bzw. journalistischen Bereich (für die Pitchingvideo-Produktion oder auch die redaktionelle Aufbereitung der Inhalte im Video und in Sozialen Netzwerken).

Alle befragten Projektinitiatoren bestätigen im Interview den massiven Aufwand der Crowdfunding-Kampagne, bei der es auf die professionellen Betreuung und Pflege aller Kanäle (Online und Offline) und vor allem die Interaktion mit der Crowd ankommt.

Wie starte ich meine eigene Crowdfunding-Kampagne?

Checkliste einer Crowdfunding-Kampagne[187]:
1. **Projektidee**
   - ☐ Zielstellung für die Crowdfunding-Kampagne entwickeln
   - ☐ Zielgruppe/Crowd bestimmen
   - ☐ Crowdfunding-Plattform nach Bedürfnissen auswählen
   - ☐ Zeitraum und Geldbetrag bestimmen
2. **Crowdfunding**
   - ☐ kurze prägnante Projektbeschreibung und Pitchingvideo (max. 5 Minuten)
   - ☐ kurzer Finanzierungszeitraum (30-60 Tage)
   - ☐ Budget realistisch und transparent machen
   - ☐ Rewards/Gegenleistungen in 5 - 8 Pakete staffeln
   - ☐ Projektwerbung und Updates durch Online- (Social Media) und Offline-Kanäle (Print, Presse) an Crowd
   - ☐ Einbindung regionaler Multiplikatoren
3. **Projekt Miss-/Erfolg**
   - ☐ Projektmisserfolg:
     durch ‚Alles-oder-nichts-Prinzip' bekommen die Unterstützer ihr Geld zurück

- ☐ Projekterfolg:
  Umsetzung des geplanten Projekts und Auszahlung der Gegenleistungen
- ☐ Zielgruppe/Crowd über Fortschritte informieren
- ☐ Feedback und Kommentare geben
- ☐ sich bei der Crowd bedanken

Um eine Crowdfunding-Kampagne für einen Dokumentarfilm gut vorzubereiten, sind einige Dinge zu beachten, die aber im Wesentlichen für alle plattformgebundenen und ‚reward-based' Crowdfunding-Kampagnen gleich sind. Dadurch gestaltet sich die Durchführung einer Kampagne bei den Plattformen *Startnext* und *VisionBakery* sehr ähnlich: „Der Projektinitiator beschreibt seine Ideen mit Texten, Bildern und einem Video, setzt eine Finanzierungshöhe sowie einen Zeitraum fest, bis wann er das Budgetziel erreichen möchte. Er erstellt Gegenleistungen in gestaffelter Höhe, die seine Fans als Gegenleistung für ihre finanzielle Unterstützung erhalten. Schließlich kommuniziert der Projektinitiator sein Projekt in seinem Netzwerk, im Freundes- und Familienkreis, bei seinen Fans, Lesern oder Hörern."[188] Der Initiator einer Kampagne sollte sich im ersten Schritt genaue Gedanken zur Projektidee machen und diese konkretisieren. Denn eine strukturierte Planung hilft, Fehler zu vermeiden und zielorientiert vorzugehen. Dabei sollte die Zielstellung für die Kampagne klar formuliert werden:

- » **Grund**: Wofür soll das Geld mit Hilfe der Crowd eingesammelt werden?
- » **Zielsumme**: Wie viel Geld soll akquiriert werden?
- » **Laufzeit**: In welchem Zeitraum soll die Kampagne stattfinden?
- » **Plattform**: Welche Plattform erfüllt meine Bedürfnisse am besten?

Anhand dieser Fragestellungen ergibt sich zumeist der grobe Plan der Kampagne relativ organisch. In dieser Phase ist es sinnvoll, sich auf den Plattformen umzuschauen, die Aufmachung und die bisherigen Kampagnen bereits erfolgreich finanzierter Projekte anzuschauen und die Plattformbetreiber zu kontaktieren.

Unumgänglich ist es, einen genauen Zeit- und Finanzierungsplan zu erstellen, denn wie schon in den vorigen Kapiteln erwähnt ist eine Crowdfunding-Kampagne ein Fulltimejob, der die volle Aufmerksamkeit bedarf. Dabei müssen die anfallenden Kosten für die Transaktions- und Dienstleistungsgebühren der Plattformen, die Gegenleistungen, die Personal- und Werbekosten sowie das die Produktion des Pitchingvideos eingeplant werden.

Es sollte klar definiert werden, wer mit der Kampagne angesprochen werden soll und kann, d.h. die Crowd muss bestimmt werden. Dieser Schritt ist auch hinsichtlich der weiteren Onlinemarketingstrategien wichtig. Denn bereits zu Beginn der Kampagne sollte absehbar sein, welche medialen Kanäle (Internet, Print, Presse, Hörfunk etc.) für die Kampagne von Nutzen sein könnten. Es wird angeraten – vor allem im Bereich Social Media – schon einige Monate vor Start der Crowdfunding-Kampagne eine potentielle Crowd aufzubauen.

Im zweiten Schritt des eigentlichen Crowdfundings geht es darum, die Theorie in die Praxis umzusetzen und die Crowd vom passiven Interessenten zum aktiven Unterstützer zu machen. Zunächst muss das Projekt kurz, prägnant und verständlich in Form einer schriftlichen Projektbeschreibung dargestellt werden. Diese sollte die Idee, die Inhaltsgabe, die Vorstellung der Filmemacher und einen Projektablauf beinhalten. Ein kurzes, ehrliches und persönliches Pitchingvideo steigert die Erfolgsquote erheblich und ist auf den Plattformen in der Regel obligatorisch. Im Rahmen des Pitchingvideos sollten folgende Fragen beantwortet werden, betont Michael Augustin: „Wer ist Initiator bzw. Filmemacher? Für welches Projekt wird Geld gesammelt? Wo wird das Projekt umgesetzt? Wann wird das Projekt voraussichtlich abgeschlossen? Warum soll es unterstützt werden?"[189] Die ehrliche, authentische und vor allem vertrauenswürdige Ausstrahlung der Filmemacher ist für die

Kampagne elementar, wie in den dargestellten Filmbeispielen ersichtlich wurde.

Das Budget sollte dem Produktionsabschnitt angemessen sein, um auch der Crowd klar und transparent vermitteln zu können, warum das gewählte Fundingziel realistisch ist. Die geplante Crowdfunding-Kampagne kann gern als Teilfinanzierung einer Projektetappe oder eines Produktionsabschnitts erfolgen, da die deutsche Crowdfunding-Landschaft, gerade hinsichtlich Dokumentarfilmen nicht sehr potent ist, hebt die Filmemacherin Alina Cyranek hervor: „Als Teilfinanzierung (und gleichzeitig als Marketing-Tool) eignet sich Crowdfunding bestens. Man sollte sich aber Zeit dafür nehmen und etwas ‚Know-How' mitbringen [...]. Ich glaube, noch ist es in Deutschland nicht soweit für einen Film – sagen wir mal – 50.000 Euro sammeln zu können. Vielleicht könnte es mit einem Nischenprojekt (20.000 – 30.000 Euro) klappen, das eine ganz bestimmte Zielgruppe anspricht."[190]

Bezüglich der beiden Plattformen *VisionBakery* und *Startnext* sind angestrebte Beträge zwischen 1.000 und 20.000 Euro am ehesten geeignet. Höhere Beträge bilden eher die Ausnahme (z.B. *Krautreporters* Eigenkampagne oder *Am Borsigplatz geboren* mit Einnahmen von mehr als 200.000 Euro). Die Analyse zum Thema Crowdfunding im Bereich Dokumentarfilm hat gezeigt, dass beim plattformbasierten ‚reward-based' Crowdfunding in Deutschland maximal 217.892 Euro (*Am Borsigplatz geboren*) und in den USA als bestes Ergebnis 282.210 Euro (384.375 US-Dollar) (*BRIDEGROOM - An American Love Story*[191]) eingesammelt werden konnten. Es sollte allgemein ein relativ kurzer Finanzierungszeitraum zwischen 30 und 60 Tagen veranschlagt werden – Für mehr zeitlichen Druck und damit mehr Aufmerksamkeit.

Für die Dauer der Projektlaufzeit muss intensives Marketing betrieben werden. Die Crowd sollte immer auf den neuesten Stand der Dinge gehalten werden bzw. das Gefühl haben, eingebunden zu sein. Das wird erreicht durch Updates zum Projekt und ‚Making-ofs', durch die sozialen Netzwerke und deren virale Effekte, aber auch mittels Offline-Kanälen wie der Presse. Auch können regionale Multiplikatoren (wie beispielsweise Einrichtungen aus dem städtischen und regionalen Kulturbereich) mit eingebunden werden, um auf das Projekt aufmerksam zu machen. Grundsätzlich gilt es, alle Kanäle zu nutzen, die zur Verfügung stehen und die einen Bezug zum Thema haben.

Die Anzahl und die Auswahl der Gegenleistungen sollten sehr bewusst entschieden werden, denn sie sind für die Kampagne von besonderer Bedeutung. Im Bereich Film haben sich gewisse ‚Standard-Gegenleistungen' etabliert: Premierentickets, Credit im Abspann/auf der Website, DVDs, VoD-Downloads. Gut durchdachte Kampagnen zeichnen sich jedoch mittlerweile vor allem dadurch aus, dass sie darüber hinausgehen und kreative, persönliche und exklusive Gegenleistungen mit Seltenheitswert anbieten, um der potentiell unterstützungsgewillten Crowd attraktive Angebote zu offerieren.

Im letzten Schritt entscheidet sich, ob die Kampagne ein Projekterfolg oder ein Misserfolg ist. Auf den beiden größten und populärsten deutschen Crowdfundingplattformen *Startnext* und *Vision-Bakery* findet das ‚Alles-oder-nichts-Prinzip' seine Anwendung. Für den Crowdfunder bedeutet das eine ‚Hopp-oder-Top-Situation', die zugleich davor schützen kann, ein Projekt mit viel zu geringem Budget zu realisieren, was zumeist die Ausbeutung von sich und anderen zur Folge hat. Gelingt es, das gewünschte Ziel zu erreichen bzw. sogar mehr als geplant einzunehmen, müssen umgehend die versprochenen Gegenleistungen an die Unterstützer versendet bzw. umgesetzt werden.

Auch wenn die Kampagne formal auf der Plattform abgeschlossen ist und alle Gegenleistungen versendet und Dankesmails geschrieben sind, hat der Initiator noch immer eine Bringschuld. Damit sich die eigene Crowd auch nach der Kampagne als Teil des Films fühlt, sollte sie mit Hilfe von Extramaterial, Statusberichten und/oder aktuellen Neuigkeiten und News weiterhin in das Projekt einbezogen werden. Zwar können sich die Unterstützer nie hundertprozentig sicher sein, ob das Filmprojekt tatsächlich umgesetzt wird, ob die ‚Gegenleistungen' verschickt werden und das eingesammelte Geld tatsächlich in das Projekt fließt, doch ein ehrlicher Projektinitiator wird sich der Verantwortung seiner Crowd gegenüber stellen und versuchen, ihren Erwartungen gerecht zu werden und das empfangene Vertrauen nicht zu enttäuschen. In der heutigen, schnelllebigen digitalen Welt ist das eine echte Herausforderung. Der Filmemacher Enno Seifried betont: „Der Kontakt zur Crowd ist da, einige kennt man mittlerweile persönlich und die Crowd hat es mir ermöglicht, nach dem ersten, zwei weitere Projekte zu realisieren. Die Crowd ist von Projekt zu Projekt gewachsen, wir haben uns höhere Ziele gesteckt und die Crowd geht den Weg mit uns zusammen einfach weiter. Vor dieser Loyalität habe ich unheimlichen Respekt und bin mehr als nur dankbar. Von dem unsagbar geilen Team, welches mit mir zusammen die Projekte stemmt und welches bei jeder neuen Idee am Start ist, mal ganz abgesehen: Ohne die Crowd wäre das Vergangene nicht möglich gewesen und die Zukunft sicher eine andere. Der Kontakt muss also gehalten werden."[192]

Die Crowd ist nicht nur finanzieller Unterstützer für das Projekt, sondern sie bildet gleichzeitig die notwendige Fanbase für die spätere Distribution des Films. Sie ist es vielleicht auch, die bei zukünftigen Projekten des Filmemachers als Erstes wieder in sein Können vertraut und investieren will. Wird die Kampagne umsichtig geplant und clever umgesetzt und die Crowd stets einbezogen, steht einem erfolgreichen Erreichen des angestrebten Projektziels nichts im Weg.

C2 VIDEO-ON-DEMAND ALS NEUE DISTRIBUTIONS-FORM

Ob zu Hause am PC, unterwegs mit Smartphone, Tablet oder Laptop – heutzutage ist es überall möglich, auf die Inhalte des Internets zuzugreifen. Video-on-Demand (VoD) bietet die Möglichkeit, dass Internetnutzer unabhängig von Ort und Zeit filmische Werke konsumieren können. All dies geschieht entweder browserbasiert oder über Apps, lediglich mit einem internetfähigen Gerät. Zusätzlich kann mit den sogenannten Hybridfernsehern direkt auf das

Internet zugegriffen werden. Das traditionelle, lineare Fernsehprogramm wird somit zusätzlich durch Inhalte von Mediatheken und Videoportalen erweitert und teilweise ersetzt. Dabei ist das Angebot an VoD-Plattformen schier unüberschaubar und richtet sich an verschiedenste Kundengruppen und deren spezifische Interessen. Mit *Amazon Instant Video*, *NETFLIX*, *iTunes*, *maxdome* und *WATCHEVER* haben sich eine Handvoll große Player in Position gebracht und bestimmen den Markt durch massenwirksames Marketing und clevere Anbindung ihrer Services an Fernsehgerätehersteller.

Dieses Kapitel wird dem Leser die Formen und Funktionsweisen von VoD näherbringen und die Monetarisierungsoptionen für Rechteinhaber von Dokumentarfilmen vorstellen. Anschließend wird anhand ausgewählter VoD-Plattformen exemplarisch deren Funktionsweise sowie der Prozess des Rechteerwerbs vorgestellt, ehe wir einen Blick darauf werfen, wie viele Dokumentarfilme auf diesen Plattformen zu finden sind.

Um das wirtschaftliche Potenzial vor allem für Rechteinhaber vollständig feststellen zu können, sind Zahlen über Einnahmen und Umsatz dieser Plattformen genau wie verlässliche Abruf- bzw. Downloadzahlen unabdingbar. Doch aufgrund der harten Konkurrenz auf dem VoD-Markt sind diese Daten leider von wenigen Plattformen zu erhalten. Die Intransparenz der Plattformbetreiber hat zur Folge, dass hier vornehmlich auf Finanzierungsmodell und Dokumentarisches Angebot eingegangen werden kann.

Was ist Video-on-Demand?

Video-on-Demand (VoD) bezeichnet einen Dienst, mit dem Internetnutzer auf Videoinhalte im Internet zugreifen können und dadurch gewünschte audiovisuelle Inhalte zu jeder beliebigen Zeit im Internet abzurufen. Für die technische Übertragung des Inhalts wird ein breitbandiger Vorwärtskanal (Downstream) benötigt, während Auswahl, Bedienung und Bezahlung lediglich durch einen schmalbandigen

Rückwärtskanal (Upstream) erfolgen. Vorausgesetzt wird außerdem ein geeignetes Endgerät. Je nach Anbieter sind dies Fernseher, PC, Set-Top-Box, Smartphone, Tablet oder teilweise sogar Spielkonsole (*PlayStation* & *XBOX*). Dabei wird das Video entweder als Stream angeboten oder auf die eigene Festplatte heruntergeladen. Unterschieden wird zwischen kostenpflichtigem und kostenfreiem VoD sowie plattform-basiertem und nicht-plattform-basiertem VoD.

Der VoD-Markt

Mit Video-on-Demand erhält der Bereich ‚Home-Entertainment' neben DVD und Blu-Ray eine weitere Auswertungsform, die Nutzern eine Reihe neuer Möglichkeiten bietet wie das Abspielen von Filmen über Smartphones oder Tablets sowie zusätzlich Kommentar- und Bewertungsfunktionen.

Seit 2007 werden in Deutschland Umsätze mit Video-on-Demand (Käufe & Leihvorgänge) generiert mit durchweg steigender Tendenz: Waren es 2007 lediglich 3 Mio. Euro Umsatz, wurden 2012 bereits 124 Mio. Euro umgesetzt und 2014 lag der Jahresumsatz bereits bei 194 Mio. Euro. Im Jahr 2015 wird ein Umsatz von 236 Mio. Euro erwartet. Damit liegt VoD im Bereich Home-Entertainment zwar immer noch um Längen hinter DVD (Umsatz 2014: 1.03 Mrd. Euro) und Blu-Ray (Umsatz 2014: 512 Mio Euro), ist aber dennoch dabei, sich zunehmend Marktanteile zu sichern.[193] Immerhin wurden die VOD-Angebote 2014 bereits von 64 Prozent der Online-Haushalte in Deutschland genutzt.[194] Besonders erfolgreich ist die Plattform *YouTube*, die großteils von Nutzern erstellte und hochgeladene Videos, ‚User-generated-content' (UGC) bietet.

Formen und Funktionsweise

Kostenfreies VoD, auch ‚Free on Demand' (FoD) genannt, wird maßgeblich durch Fernsehsender (Mediatheken) betrieben, die ihr

Programm meist für eine gewisse Zeit nach der TV-Ausstrahlung kostenfrei zur Verfügung stellen. Auch beim werbefinanzierten FoD können Nutzer die Inhalte kostenfrei sehen, wie bspw. bei *Youtube*. Die anfallenden Kosten werden durch das werbende Unternehmen getragen und über die Einblendung von deren Werbung refinanziert. Lediglich die Mediatheken der öffentlich-rechtlichen Sender sind sowohl kosten- als auch werbefrei.

Kostenpflichtiges VoD muss durch den Nutzer bezahlt werden und wird auf unterschiedlichen Wegen angeboten:

So können Filme als ,**Download-to-rent' (DTR)** nach dem Download für eine bestimmte Zeit auf dem eigenen Abspielgerät gesehen werden. DTR ist auch unter dem Begriff Streaming bekannt. Innerhalb eines vorher festgelegten Zeitraum (in der Regel 48 Stunden) kann der Film so oft abgespielt werden, wie man möchte. Erlischt dieser Zeitraum, ist er nicht mehr erreichbar und kann ggfs. erneut „geliehen" werden. Das System ähnelt dem Ausleihen einer DVD, welche anschließend zurückgegeben werden muss. Um dies zu gewährleisten, werden mithilfe der Digitalen Rechteverwaltung (DRM) Lizenzen innerhalb einer Datei festgelegt, um entsprechend der Vorgaben des Anbieters abspielbar zu sein. Dabei werden unterschiedliche Techniken genutzt, die ermöglichen, dass „[...] Zugangs-, Vervielfältigungs- und Verbreitungsmöglichkeiten digitaler Inhalte eingeschränkt werden."[195] DRM ist jedoch eher bei großen Portalen, wie *maxdome* & *Amazon Instant Video* üblich, während die kleineren Plattformen für Dokumentar- bzw. Arthousefilme wie *DAFilms.com, REALEYZ, MUBI* usw. in der Regel auf diese Sicherung verzichten.

Um als Konsument einen Film tatsächlich ,besitzen' oder besser im Zuge eines lebenslangen Nutzungsrechts nutzen zu können, kommt lediglich die Option ,**Download-to-own' (DTO)** in Frage. Für einen festgelegten Betrag kann der Nutzer die Filmdatei herunterladen und dauerhaft auf seiner Festplatte speichern. Hierbei kann der Kunde unterschiedliche Rechte erwerben: Teilweise darf die Datei, durch DRM geregelt, nur auf einem Abspielgerät, teilweise auch auf einem weiteren als dem PC, abgespielt werden.

Mit ,**Download-to-burn' (DTB)** erhält der Kunde die Möglichkeit, den Film auf DVD zu brennen und dadurch archivieren zu können. Diese technischen Formen des VoD sind verbunden mit unterschiedlichen Finanzierungsmodellen der Anbieter.

Beim sogenannten ,**Subscription-VoD' (SVoD)** zahlen Nutzer regelmäßig eine bestimmte Abo-Gebühr und können dafür auf bestimmte Teile des Katalogs, teilweise auch den komplette Katalog der Anbieter zugreifen, wie bspw. bei *Netflix* oder *Amazon Instant Video*. Andere Anbieter bieten Pauschalangebote den Nutzern die Möglichkeit, einen festen Betrag vorab zu bezahlen und diesen mit jeder Nutzung des VoD-Angebots zu verringern. Hierdurch erhält der Kunde eine einfache Möglichkeit, das Angebot einer VoD-Plattform zu testen. Alternativ bieten Plattformen wie bspw. *maxdome* ihren Nutzern Programmpakete an, bei denen Filme und Serien aus einer bestimmten Kategorie beliebig oft angesehen werden können. Oftmals kann allerdings auch Content aus weiteren Bereichen als Teil des Pakets genutzt werden, was Susanne Thierer, Senior Program Manager bei *maxdome* vor allem für Dokumentarfilme als Chance versteht: „Gerade in solchen Paketen sind die Kunden deutlich nutzungsfreudiger was Nischencontent – und eben Dokus – angeht. Eine Einmalzahlung für das Leihen einer Dokumentation, deren Qualität man vielleicht nicht immer einschätzen kann, ist da dann doch eine schwierigere Kaufentscheidung." Diese Paketangebote ähneln dem VoD-Abonnement.

Beim ,**Transactional-VoD' (TVoD),** auch ,Pay-per-View' genannt, bestimmt der Nutzer selbstständig den Start seines Programms. Nach der Bestellung kann der Film nach Belieben angehalten, vor- und zurückgespult werden.

Akquise von Rechten

Damit eine VoD-Plattform seinen Nutzern ein umfangreiches und ansprechendes Filmangebot liefern kann, braucht sie die

Tab. 6: Übersicht der Geschäftsmodelle beim VoD

Bezugs-form	Bezahlform	Ausmaß der Nutzungsrechte	Anbieter
Free VoD	Frei abrufbare Inhalte, die in der Regel (nur) der Kundenbindung sowie der Gewöhnung der Zuschauer an VoD als Dienst dienen		
Stream	kostenlos	Leihen, Nutzungs-zahl und Dauer je nach Anbieter	Maxdome, Videoload
EST (DTB)	Elektronischer Erwerb eines Films mit anschließender Möglichkeit zum Download und zur uneingeschränk-ten Nutzung inkl. DVD-Brennen		
Download	Einmalzahlung pro Filmerwerb	Kaufen, sämtliche Nutzungsrechte einschließlich DVD-Brennen	Videoload, MediaMarkt
EST (DTO)	Elektronischer Erwerb eines Films mit anschließender Möglichkeit zum Download und zur uneingeschränk-ten Nutzung exkl. DVD-Brennen		
Download	Einmalzahlung pro Filmerwerb	Kaufen, sämtliche Nutzungsrechte einschließlich DVD-Brennen	iTunes Store, Videoload, Maxdome, MediaMarkt
EST (DTR)	Elektronischer Erwerb eines Films mit anschließender Möglichkeit zum Download und zur uneingeschränk-ten Nutzung für einen begrenzten Zeitraum		
Download	Einmalzahlung pro Filmerwerb	Kaufen, unbe-grenzte Nut-zungsrechte für eine begrenzte Dauer	–
A-VoD	Ad-supported VoD – Werbefinanzierung. Einbin-dung von Pre-, Mid-, Postroll- oder Player-Werbung zur Finanzierung		

Stream	kostenlos mit Werbung	Leihen, Nutzungs-zahl und Dauer je nach Anbieter	MSN Movies
S-VoD	Subscription VoD – Auswahl aus einem umfangrei-chen Produktkatalog zu einem monatlichen Paketpreis		
Stream / Download	Monatliche Grundgebühr	Leihen oder Kaufen, Nut-zungsanzahl und Dauer je nach Anbieter und Tarif	Lovefilm, Maxdome
T-VoD	Transactional VoD – Nutzer erwirbt für i. d. R. 24 oder 48 Stunden das Recht, den Film ein- oder mehr-mals anzuschauen.		
Stream oder Download	Pay-per-view	Leihen, ein- oder mehrmalige Nutzung innerhalb eines Zeitfensters (24h oder 48 h)	Videoload, Maxdome, iTunes Store, Lovefilm

Verwertungsrechte der Filme im Internet. Die großen VoD-Plattformen (bspw. *maxdome, Amazon Instant Video, NETFLIX*), die
von großen Medienunternehmen betrieben werden, arbeiten dafür in der Regel mit einem weltweiten Netzwerk zusammen und
akquirieren die Rechte von unterschiedlichen Rechteinhabern. Im
Falle von *maxdome* wird beim Rechteerwerb bspw. mit über 180
Partnern zusammen gearbeitet.[196] Hauptsächlich sind dies Aggre-
gatoren (große Lizenzhändler), Weltvertriebe, Verleihunternehmen
& Fernsehsender.

Die Filme auf den Plattformen werden daraufhin in der Regel re-
daktionell eingepflegt. Da der einzelne Produzent nach der Abgabe seiner Rechte in den wenigsten Fällen beteiligt wird, führt der
Erfolg seines Filmes auf diesen VoD-Plattformen meist zu keinem

finanziellen Mehrgewinn für ihn als ursprünglichen Rechteinhaber. Darüber hinaus können sie auf den großen Plattformen in der Regel keine Filme selbst hochladen und selbst vermarkten.

Im Gegensatz dazu stehen die kleineren VoD-Plattformen, wie *DA-Films.com*, *Onlinefilm*, *Distrify*, *VHX & Vimeo-on-demand*. Um die Rechte für das Ausstrahlen auf ihren Plattformen zu erhalten, wenden sie sich direkt an die einzelnen Rechteinhaber / Produzenten. Das Programm von *DAFilms.com* wird bspw. durch eine kuratierte Auswahl der beteiligten Dokumentarfilmfestivals gestaltet. Sie übernehmen Auswertungsrechte einzelner Filme direkt vom Rechteinhaber bzw. Vertrieb und bieten sie im Anschluss nicht-exklusiv auf *DAFilms.com* zum Streamen oder Download an. ‚Nicht-exklusiv‘ bedeutet, dass Filme durch den Rechteinhaber nicht ausschließlich auf einer, sondern auf unterschiedlichen VoD-Plattformen platziert werden können. Somit können Rechteinhaber ihre Werke auf mehreren Plattformen parallel platzieren, unterschiedliches Publikum ansprechen und dadurch mehr Umsatz machen.

Den direktesten plattform-basierten Ansatz bieten die Plattformen *Onlinefilm* und *Vimeo-on-demand*, die offensiv Rechteinhaber ansprechen, ihre Filme selbstständig auf der Plattform einzustellen. Auf *Onlinefilm* kann man mithilfe vieler Einstellmöglichkeiten den finanziellen Mehrwert selbst bestimmen. Auch hier erfolgt das Angebot ‚nicht-exklusiv‘ und der Umsatz wird im Verhältnis von 50:50 bis zu 70:30 zwischen Filmemachern und Plattformbetreibern aufgeteilt. Bei *Vimeo* dominiert seit geraumer Zeit das ‚on-demand-Programm‘, welches Rechteinhaber nach Upload ihres Films mit 90% (nach den Transaktionskosten) an jedem Kaufvorgang beteiligt. Vorausgesetzt wird ein *Vimeo PRO*-Konto, welches jährlich zusätzlich 159 Euro kostet.[197] Den Preis für den kostenpflichtigen Abruf des Films legt jeder Rechteinhaber selbst fest und durch unterschiedliche Templates können schnell und unkompliziert kleine Webseiten für den Film gebaut werden um ihn ansprechend auf *VIMEO* zu präsentieren.

Geo-Blocking

Da der Verkauf der Distributionsrechte selten global erfolgt, gibt es auf den entsprechenden VoD-Plattformen Möglichkeiten, die Nutzung der Filme regional einzuschränken. Mithilfe des ‚Geo-Blocking' werden die IP-Adresse des jeweiligen Internetnutzers sowie sein geographischer Standort ausgelesen. Befindet sich der Nutzer außerhalb eines festgelegten Lizenzgebietes, wird der Zugriff auf die Inhalte verweigert. Auch wenn ein Rechteinhaber seine VoD-Rechte bereits in einzelnen Gebieten abgegeben hat, beispielsweise durch die Zusammenarbeit mit einer Fernsehanstalt oder Verleih, ermöglicht ‚Geo-Blocking' die Auswertung des Filmes in anderen Regionen.

Verkürzung der Sperrfristen

Um die Auswertung über VoD noch erfolgreicher zu machen, wird an einigen Stellen über die Verkürzung der Sperrfristen innerhalb der festgelegten Verwertungskette filmischer Werke nachgedacht. Die Autoren Becker und Magnus der beschreiben das anhand ihrer Erfahrungen im Rahmen der Delphi-Studie *Fernsehen 2012*: „Einige Teilnehmer erklärten, dass z.B. der Erfolg von VoD davon abhinge, wie schnell nach dem Kino-Start ein Film auch als VoD erhältlich ist – unabhängig von dessen Preis. So könnte z.B. ein Kinofilm zeitgleich im Pay-VoD starten, z.B. zum Preis von 20 EUR, weil davon ausgegangen wird, dass man den Film dann nicht alleine sieht. Dies würde auch Auswirkungen auf die Piraterie haben." Durch eine *‚Day to Date Release'* wäre man in der Lage, globale Marketingkampagnen für einen Filmstart anzulegen, die die verschiedenen Distributionskanäle beinhalten. Während die Filmkritiker über den Kinostart berichten, könnte im Internet der Film als VoD verlinkt werden und große Elektronikfachgeschäfte könnten auf die DVD-Veröffentlichung in Form von Aufstellern und Plakaten hinweisen.

Neben Überlegungen zur Verwertungskette wird heute ein entscheidender Kampf zwischen Produzenten und Sendeanstalten um die Internetrechte geführt. Denn die Sender bevorzugen die Strategie des

‚Total-buy-out', womit sie bei Vertragsabschluss sowohl die Rechte zur Fernsehausstrahlung als auch die VoD-Rechte vom Produzenten übernehmen. „Dies führt nach Ansicht vieler Gesprächspartner dazu, dass es auf absehbare Zeit kaum ein Geschäftsmodell im Internet ohne die Integration wenigstens einiger Fernsehsender gibt." Gleichzeitig wird darüber diskutiert, ob nach einer gewissen Zeit die Rechte für die Auswertung im Internet wieder an den Produzenten fallen sollten. Der *Filmfonds Austria* handhabt das beispielsweise so: „An der Finanzierung beteiligte Fernsehveranstalter dürfen die Rechte an Fernsehfilmen und Dokumentationen für höchstens sieben Jahre, an Serien für höchstens zehn Jahre erwerben." Anschließend können sie vom Produzenten erneut ausgewertet werden, was besonders für Dokumentarfilme sehr bedeutend sein kann.

VoD ermöglicht demokratischen Zugang

Durch VoD erhöht sich die Reichweite eines Films ungemein und bietet dem Rechteinhaber vielfältige Möglichkeiten zur Auswertung. Weltweit können die Inhalte von VoD-Plattformen abgerufen werden, ohne dass Videotheken, DVD-Händler, Kinos und Fernsehstationen den Zugang beschränken können. Somit werden bisher vollkommen unerschlossene Märkte nutzbar gemacht und Filme bzw. Themen in Regionen veröffentlicht, die bislang keinen Zugang zu diesen Informationen hatten. Diese Möglichkeit hilft Filmen, die kritisch über Sachverhalte berichten und dabei z. B. gegen die offizielle Zensur bestimmter Staaten und deren Regimes verstoßen, Aufmerksamkeit zu erlangen.

Doch selbst in demokratischen Ländern gibt es bestimmte ‚gatekeeper', die darüber entscheiden, ob ein Dokumentarfilm an die Öffentlichkeit gelangen darf oder nicht. Ein Beispiel dafür ist der Dokumentarfilm *McLibel – Two Worlds Collide* (2005), der die Praxis des Konzerns *McDonald's* kritisch beleuchtet. Obwohl die Ausstrahlungsrechte für den Film international an Fernsehanstalten verkauft wurden und der Film insgesamt von 26 Mio. Menschen weltweit über unterschiedliche Kanäle gesehen wurde, gab es nie eine Fernsehpremiere in Großbritannien. Dort befürchteten die Fernsehverantwortlichen eine Klage von *McDonald's* und entschieden sich, den Film trotz des globalen Erfolgs nicht auszustrahlen. Trotzdem kann heute jeder in Großbritannien diesen Film mithilfe von VoD sehen. Hieran wird deutlich, wie wichtig das Instrument VoD ist, wenn Filme durch Entscheidungsträger der Öffentlichkeit vorenthalten werden sollen.

Potenzial für ‚alte' Filme

Produzenten, die vor dem Jahr 1998 Dokumentarfilme für das Fernsehen produzierten, besitzen heute automatisch die Rechte an den Werken für die Auswertung im Internet. Der Grund hierfür ist ein juristischer: „Nach deutschem Urheberrecht ist es nicht möglich, sich in ihrer wirtschaftlichen Auswirkung unbekannte Nutzungsarten (und eine solche ist Video-On-Demand nach Ansicht vieler Juristen bis 1998 gewesen) übertragen zu lassen"[198] Dies hat zur Folge, dass alle Produzenten, die im Rahmen von Auftragsproduktionen bzw. Koproduktionen mit Fernsehsendern einen Film produzierten und mit Vertragsabschluss Rechte abgaben, plötzlich eine ungeahnte Auswertungsoption besitzen, selbst wenn die Herstellung schon Jahrzehnte zurückliegt. Fortan sind sie alleinige Inhaber aller Verwertungsrechte im Internet obwohl diese bei Vertragsabschluss noch nicht Gegenstand des Vertrags waren. Filmemacher, die heute für und mit dem Fernsehen produzieren, geben diese Rechte in der Regel an die Sender ab, da diese sich neuerdings die Rechte an der Onlineauswertung vertraglich zusichern lassen. Gleichzeitig raten Juristen den Produzenten, die entsprechenden Rechte nur gegen entsprechende Zahlung an die Sender zu übertragen. Da die Auswertung im Internet und speziell im Bereich VoD zu weiteren Einnahmen führt, sollte die Vergabe dieser Rechte an die Sender nur gegen die Zahlung einer zusätzlichen Vergütung oder einer Erlösbeteiligung erfolgen. Ansonsten sollten die Rechte zurückbehalten und gegen eine entsprechende Erlösbeteiligung an Dritte übertragen werden."[199] Somit könnte VoD für ältere, bisher nicht zugängliche Dokumentarfilme von enormer Bedeutung werden. Sie könnten im Internet der Öffentlichkeit gezeigt werden. Dieses Ziel vertritt beispielsweise das gemeinnützige Internetarchiv *archive.org*, das kulturelle Dokumente digital archiviert. Zu den 2 Mio. Videos, die legal und kostenfrei auf der Plattform angesehen werden können, gehört auch Dziga Vertovs Meilenstein der Dokumentarfilmgeschichte *Man with a Movie Camera* und Walter Ruttmanns *Berlin – Die Sinfonie der Großstadt*. Hierbei kann der Dokumentarfilm insofern profitieren, da er aufgrund seiner inhaltlichen, non-fiktionalen Ausrichtung einer gewissen Zeitlosigkeit unterliegt und in solch einem Archiv auch über Jahrzehnte immer wieder sein Publikum finden kann. Neben der unkommerziellen Auswertung können Rechteinhaber auf kostenpflichtigen VoD-Portalen profitieren. Denn besonders das „Special Interest"-Publikum beweist bei den DVD-Verkäufen regelmäßig seine Kaufkraft, indem es langen Dokumentarfilmen zu Umsätzen verhilft, die durch die Vorführung im Kino im Vorfeld der DVD-Auswertung in der Regel nicht erreicht werden konnten.

Dass einzelne Dokumentarfilme heute im Bereich VoD durchaus erfolgreich sein können, beweist die Plattform *nomadsland.com*, die verlauten ließ, dass der Dokumentarfilm *From Dust* (2005) 22.000 mal und *The Art of Flight* (2005) 15.000 mal innerhalb der ersten zwei Wochen nach der legalen Veröffentlichung auf dieser Plattform gedownloadet wurden.

Plattform supported Video-on-Demand

Der Nutzer hat heute viele Möglichkeiten, Dokumentarfilme auf VoD-Plattformen als Stream zu sehen oder legal herunterzuladen. Hinter den verschiedenen Plattformen verbergen sich unterschiedliche Philosophien und Geschäftsmodelle.

Auf der einen Seite gibt es VoD-Plattformen mit einem starkem Dokumentarfilm-Fokus, die teilweise ausschließlich Dokumentarfilme zeigen, wie *Onlinefilm, DAFilms.com* oder *DocsOnline.tv* (NL). Sie werden in der Regel durch Filmemacher, Initiativen oder Dokumentarfilmfestivals betrieben.

Auf der anderen Seite präsentieren Plattformen wie *Amazon Instant Video, maxdome, Netflix, Sky Snap, Videoload* oder *WATCHEVER* zwar großteils fiktionale Blockbuster, Spielfilme und Serien, beinhaltet in der Regel aber auch Dokumentationen und Dokumentarfilme. Als Teil großer privatwirtschaftlicher Unternehmen haben sie gleichzeitig ein sehr viel größeres Budget, um Rechte an Filmwerken zu erwerben. Durch offensive Werbekampagnen stehen sie außerdem stärker in der öffentlichen Wahrnehmung als die kleinen Plattformen *DAFilms.com* und *Onlinefilm*. Letztere werden maßgeblich durch die Video-on-Demand-Förderung des *MEDIA*-Programms der *Europäischen Union* finanziell unterstützt.

Mediatheken

Einen weiteren Erfolg feiern die Mediatheken der öffentlich-rechtlichen Sendeanstalten, welche ihren Nutzern ein wertvolles Angebot anbieten, um Sendungen, Beiträge und Filme zeitversetzt, teilweise jedoch nur für eine bestimmte Zeit nach der Ausstrahlung im Fernsehprogramm, zu sehen. Besonders die Mediatheken von *ARD* und *ZDF* erfreuen sich großer Beliebtheit. So zählte die *ZDF*-Mediathek im Durchschnitt 23,35 Millionen Aufrufe im Monat. [200] Die Mediathek der *ARD*, welche als ‚virtuelle Mediathek' die Metadaten der Mediatheken anderer *ARD*-Anstalten zusammenträgt, zählte im Februar 2013 ca. 30 Millionen Seitenaufrufe. [201]Betrachtet man die Programmauswahl innerhalb der Mediatheken, so fällt auf, dass sich die beliebtesten Sendungen in der Mediathek nicht mit den zuschauerstärksten Sendungen im regulären, linearen Fernsehprogramm decken. Vor allem lange Dokumentarfilme, die für gewöhnlich auf ungünstigen, späten Sendeplätzen zu finden sind und dadurch ein weitaus kleineres Publikum ansprechen als während der Hauptsendezeit, können durch die zeitsouveräne Nutzung somit ihr Publikum im Internet finden. Die Konkurrenz zwischen den Programmen und Sendeplätzen wird obsolet und besteht lediglich im Inhalt und nicht mehr aufgrund der Programmplanungen der Sendeanstalten.

Onlinefilm, die Community der Dokumentarfilmer

Im Jahr 2000 wurde von 122 Dokumentarfilmregisseuren und -produzenten die *Onlinefilm AG* mit dem Ziel gegründet, eine eigene VoD-Plattform als „Plattform von Filmemachern für Filmemacher" zu betreiben. Auf ihr können Filmschaffende ihre Filme selbst online stellen, einen Preis festlegen und sie anschließend auf direktem Wege ihrem Publikum weltweit präsentieren.

Aufgrund der engen Anbindung an die *AG DOK* und deren Mitglieder ergibt sich eine intensive Verbindung zu Filmemachern, die auf der Plattform den höchstmöglichen Erlös generieren sollen, da eine lange Liste von Zwischenakteuren umgangen wird. Nach Abzug der Mehrwertsteuer werden die Umsätze eines Films im Verhältnis 51% für den Rechteinhaber und 49% für die Plattform aufgeteilt. Dieses Verhältnis kann der Rechteinhaber durch Beteiligung an der Plattform sowie aktives Marketing für seinen Film auf bis zu 64% des Nettoverkaufspreises erhöhen. Zusätzlich entscheidet der Rechteinhaber selbst, wie viel Marketing er betreibt und hat somit Einfluss auf den Umsatz. Im Anschluss an die Zahlung besitzt der Kunde die Freiheit, den Film beliebig oft zu nutzen, da *Onlinefilm* durch ‚fair rights' keine Rechteeinschränkungen vornimmt und Filme deshalb auch weitergegeben werden dürfen. Für die Nutzung von *Onlinefilm* benötigt der Kunde lediglich einen Breitbandinternetzugang, ein Konto beim Onlinebezahlsystem *PayPal* sowie eine kostenfrei downloadbare Software.

Mit über 1.000 Filmen bietet *Onlinefilm* seinen Nutzern heute ein vielfältiges Programmangebot. Um Filmemacher bei Projekten zu unterstützen, eignet sich der business-to-business-Bereich von *Onlinefilm*. Für unterschiedliche Abschnitte innerhalb oder im Anschluss an eine Filmproduktion können mithilfe der Plattform Filme bzw. Teile von Filmen sowie Rohschnitte präsentiert oder potentiellen Ankäufern Screener zur Verfügung gestellt werden, ohne diese auf postalischem Wege verschicken zu müssen. Dieses Feature ermöglicht es, im Rahmen des Entstehungsprozesses eines Films, dezentral und vernetzt an einem Projekt zu arbeiten. So ist es möglich, an unterschiedlichen Orten parallel an einem Film zu schneiden und somit immer aktuelle Versionen austauschen zu können. Dadurch ermöglicht *Onlinefilm* neben der Präsentation eigener Filmwerke die dezentrale kollaborative Zusammenarbeit an Filmprojekten.

Die Verantwortlichen von *Onlinefilm* boten für diese Arbeit keinen Einblick in die statistischen und wirtschaftlichen Daten ihrer Plattform, da sie einen Wettbewerbsnachteil befürchten. Einen Hinweis ermöglicht lediglich ein Zitat aus dem Jahr 2009: „Kleinanbieter, wie die *Onlinefilm AG*, sind zwar ‚im Besitz der Filmemacher', doch bei einem Jahresumsatz von 5.000 Euro nützt das so gut wie nichts und niemandem."[202] Im Rahmen der Video-On-Demand-Förderung des *MEDIA*-Programms der Europäischen Union wurde *Onlinefilm* in den Jahren 2007 und 2008 gefördert.

Unter freitag.onlinefilm.org kooperiert *Onlinefilm* mit der Wochenzeitung *der Freitag* und präsentiert in der ‚der Freitag Filmothek' ein großes Angebot von unabhängigen Filmemachern aus ganz Europa.

DAFilms.com, das Portal der Festivals

Als *DOC ALLIANCE* haben sich die sieben wichtigsten europäischen Dokumentarfilmfestivals *CPH:DOX Copenhagen*, *DOK Leipzig*, *FID Marseille*, *Jihlava IDFF*, *Planete Doc Film Festival*, *Doc Lisboa* und *Visions du Réel Nyon* zusammengeschlossen. Es fungiert als „[...] dynamische Plattform, die Filmemachern und Produzenten alternative Vertriebsmöglichkeiten für solche Filme anbietet, die sich auf dem Markt nur schwer durchsetzen können." Im Rahmen der

Doc Alliance Selection werden jährlich fünf besondere Dokumentar-filme ausgewählt, die im Laufe des Jahres auf allen Partnerfestivals laufen. Hierdurch werden sie auf den dazugehörigen Märkten dem Publikum zugänglich gemacht, mit dem Ziel, den Weg ins Kino, Fern-sehen und zu einem DVD-Vertrieb zu vereinfachen. Abgeschlossen wird die Präsentation mit dem *DOC Alliance Award*, welcher 2015 im Rahmen des Filmfestivals in Locarno an einen dieser fünf Filme verliehen wurde. Er ist mit 5.000 Euro dotiert.

Mit *DAFilms.com* betreibt *DOC ALLIANCE* eine eigene Video-on-Demand-Plattform, die mittlerweile über 1.000 Dokumentarfilme anbietet.[203] Jeden Monat kommen etwa 20 Filme hinzu. Die Filme werden als Stream oder Download in zwei unterschiedlichen Quali-tätsstufen (avi-Format und DVD-Qualität) angeboten. Hierfür nimmt *DAFilms.com* einen Betrag von maximal fünf Euro, der sich im Ver-hältnis 60/40 zwischen Rechteinhaber und Plattform aufteilt.

Das Angebot setzt sich aus Filmen anerkannter Filmemacher zusam-men, bezieht gleichzeitig aber auch Talente und Filmstudenten mit ein. Zudem erfüllt *DAFilms.com* auch die Funktion eines Filmarchivs, da es regelmäßig wichtige historische Dokumentarfilme zum Re-pertoire hinzufügt. Die Filme werden von den Betreibern sorgfältig ausgewählt. Der Schwerpunkt liegt dabei auf gesellschaftlichem und ästhetischem Wert und der Einzigartigkeit der Handschrift des Fil-memachers. Dabei sind auch provokative und innovative Filme Teil des Programms.

Obwohl *DAFilms.com* damit im Sinne der Zugangsberechtigung ku-ratiert ist und sich aus den Programmen der beteiligten Festivals bedient, um sein Angebot regelmäßig mit neuen anspruchsvollen Filmen zu füllen, ist die Möglichkeit der eigenen Filmanmeldung im Bereich „submit film" möglich, steht allerdings nicht wie bei *Online-film* im Fokus der Plattform.

Gegenwärtig verortet die Plattform ihren Schwerpunkt in der Tschechischen Republik. Sowohl sechs der zehn meistgesehe-nen Filme entstammen diesem Land, als auch der Großteil der gegenwärtigen Nutzer. Der Grund für diesen Schwerpunkt ist mit Sicherheit der Hauptgeschäftssitz von *DAFilms.com.com* in Prag sowie das damit verbundene nationale Engagement im Bereich Werbung. Doch auch in Deutschland wird die Werbung an einigen Punkten sichtbar: Jedes Jahr läuft im Rahmen des Dokumentarfilmfestivals in Leipzig vor jedem Screening der Werbetrailer für *DAFilms.com*, der potentiell von 42.000 Zuschauern im Rahmen des Festivals 2014 gesehen wurde.

Gleichzeitig kooperiert *DAFilms.com* mit anderen Medien, wie mit der Wochenzeitung *DIE ZEIT*. Auf ihrer Internetpräsenz *ZEIT ONLINE* (zeit.de) waren ab Ende 2011 in unregelmäßigen Abständen Dokumentarfilme aus dem Angebot von *DAFilms.com* zu sehen. Die Zusammenarbeit begründet *DIE ZEIT* mit dem großen Interesse seiner Leser am Dokumentarfilm und der hohen Qualität der Filme auf *DAFilms.com*. Diese Art der Zusammenarbeit mit traditionellen Medien ermöglicht es, die Zielgruppe der Plattform zu erweitern und dadurch ein größeres Publikum anzusprechen. Vor allem Verbindungen mit informationsbasierten Medien, wie Tageszeitungen, Fachmagazinen oder Nachrichtenportale bieten sich dafür an. So wurde 2009 über eine Kooperation der Plattform *Snagfilms* und der britischen Tageszeitung *Daily Telegraph* berichtet, wo die Filme von *Snagfilms* eine Zeit lang als Stream verfügbar waren.

Eine ganz ähnliche Zusammenarbeit gibt es zwischen der VoD-Plattform *alleskino* und *SPIEGEL.TV*: An Wochenenden kann im Zeitraum von Freitagnachmittag bis Montagvormittag auf *SPIEGEL.TV* ein deutscher Kinofilm im Stream mit Werbeunterbrechungen gesehen werden. Das Filmrepertoire für *KINO@SPIEGEL* wird dabei von *alleskino* zur Verfügung gestellt.

‚Die Großen' – Amazon Instant Video & maxdome

Bis Februar 2014 betrieb *Amazon* mit *LOVEFiLM* eine eigenständige VoD-Plattform, die Anfang 2012 die Grenze von zwei Millionen Kunden in Europa durchbrach. *LOVEFiLM* verband den Verleih von DVDs und Blu-Ray mit dem Angebot von VoD. Nutzer aus Deutschland konnten aus 45.000 Titeln auf DVD oder Blu-Ray wählen, die ihnen dann auf postalischem Wege zugesandt wurden und anschließend wieder an *LOVEFiLM* zurückgeschickt werden mussten. Nun entschied sich *Amazon* aber dazu, alle Services unter *Amazon Instant Video* zusammenzufassen und die *LOVEFiLM*-Konten bei Amazon zu integrieren. Somit wird auch der gesamte VoD-Bestand zukünftig auf *Amazon Instant Video* angeboten. Es ist davon auszugehen, dass die durch *LOVEFiLM* geschlossenen Verträge mit *Disney*, *FilmConfect*, *Studiocanal* und *Paramount* zukünftig dort weitergeführt werden.

Fakt ist, dass der Bereich ‚Documentaries' bisher keine hohe Bedeutung bei *Amazon Instant Video* hat. Zwar wurden in Großbritannien Verträge mit *BBC worldwide* geschlossen, was britischen Kunden Zugang zu dokumentarischen Reihen wie z.B. *BBCearth* ermöglicht. Doch neben der hohen Anzahl an angemeldeten Kunden offenbart auch die Liste an gefeatureten Filmen, dass eher kommerzielle Blockbuster und Serien im Mittelpunkt des Angebots stehen. Den Content erhält die Plattform durch Deals mit großen Weltvertrieben und Verleihern. Im April 2015 hatte die Plattform 9.789 Filme und 3.270 Serien im Angebot. In der Rubrik ‚Dokumentation' lassen sich derzeit 496 Filme finden. Neben Natur- und seriellen Reisedokumentationen können Nutzer bisher wenige Dokumentarfilme finden, einige Beispiele sind: *Fahrenheit 9/11* (2004), *Babys (2009)* und *Road to Guantanamo* (2006) oder auch *Keep Surfing* (2009). [204] Während man all diese Filme entweder leihen (DTR) oder kaufen (DTO) kann, bietet *Amazon* mit *Prime Instant Video* auch ein Abo-Modell (SVOD) an, welches für 49 Euro im Jahr alle Nutzer in Anspruch nehmen können, die sich für die Amazon Prime-Mitgliedschaft entschieden haben.

Die VoD-Plattform *maxdome* bezeichnet sich selbst als „Deutschlands größte Online-Videothek" mit einem Angebot von über 60.000 Filmen und Serien. Um ihren Nutzern ein Angebot an

Dokumentarfilmen und Dokumentationen zu bieten, schloss *maxdome* Verträge mit namhaften Dokumentations-Lizenzgebern wie dem *History Channel*, der *BBC*, *Discovery Channel*, *National Geographic*. Heute findet man insgesamt 918 Ergebnisse in der Rubrik Dokumentarfilm[205].

Dies bedeutet gleichzeitig einen starken Anstieg des dokumentarischen Angebots, da sich Mitte 2012 lediglich 216 Titel in der Rubrik ‚Dokumentarfilm' finden ließen[206]. 2011 wiesen die Filmautoren Schneider und Reschl noch darauf hin, dass unter den damals erst 100 Dokumentarfilmen vornehmlich Fernsehdokumentationen der *BBC* und nur wenige Dokumentarfilme (wie etwas *Unsere Erde*, *SuperSizeMe* oder *Exit Through the Gift Shop*)[207] Entgegen dieser Einschätzung sind heute im Filmangebot von *maxdome* durchaus weitere Autorendokumentarfilme wie bspw. *Black Box BRD, Janine F., Heimspiel* und *Joschka und Herr Fischer* zu finden, wobei eine klare Ausrichtung auf international prämierte Dokumentarfilme zu erkennen ist. Allgemein kann sich das Angebot dokumentarischer Filme nicht mit der Nachfrage nach Spielfilmen und Serien messen. Durch Pakete, welche Kunden bei *maxdome* als Abonnement abschließen, erhalten die Kunden Gelegenheit, auf verschiedene Filme zuzugreifen. Hierzu gehört auch Nischencontent wie das Genre der Dokumentarfilme und Dokumentationen, die dort auch durchaus auf Interesse stoßen.

Markus Härtenstein von *maxdome* erklärte auf einer Podiumsdiskussion, dass besonders die Breite des Angebots von *maxdome* für die wenigen Dokumentarfilme und Dokumentationen im Angebot auch ein Vorteil hätte, da Kunden, die wegen anderer Filme auf der Plattform seien, durch den ‚spillover-Effekt' auf Inhalte und Themen gestoßen würden, die sie vorher nicht erwartet hätten. Preislich baut *maxdome* regelmäßig auf massiven Preisnachlass, so dass bspw. kurz vor Weihnachten ein bekannter Spielfilm wie *The Tourist* für lediglich 0,99 Euro angeboten wurde. Im Geschäftsbericht der *ProSiebenSat.1 Group* wurde noch 2011 für die Betreiberfirma *maxdome GmbH & Co. KG* ein Umsatz in Höhe von 20,9 Mio. Euro ausgewiesen, was gleichzeitig einen Verlust vor Steuern von 5 Mio. Euro bedeutete.[208] Vergleichbare Zahlen sind in den Geschäftsberichten der folgenden Jahre nicht zu finden. Seit 2014 hält die ProSiebenSat.1 Group jedoch 100 Prozent der heute größten deutschen Online-Videothek. Die *ProSiebenSat. 1 Group* wird dadurch Marktführer im ‚Paid-Video-on-Demand-Markt' in Deutschland. Marktführer *maxdome* konnte 2014 die Anzahl seiner zahlenden Abonnenten fast verdoppeln und die Häufigkeit der Videoabrufe um circa 150 Prozent steigern. [209]

'Non-platform-based' Video-on-Demand

Mit *VHX* und *Distrify* sind seit einigen Jahren zwei Player auf dem Markt, deren Ansatz im vollkommenen Gegensatz zu dem von *Netflix*, *DAFilms.com*, *maxdome* usw. steht. *VHX* und *Distrify* ermöglichen es ihren Kunden, einen Film hochzuladen und ihn anschließend mithilfe eines sogenannten iFrames überall selbstständig einzubinden und zu präsentieren. Somit kann der Rechteinhaber selbst Webseiten, Plattformen, Blogs, Social Media-Kanäle suchen, die seinen Film einbinden. Hierdurch wird der Film überall dort platziert, wo der Seitenbetreiber Interesse zeigen den Film zu präsentieren. Innerhalb dieses iFrames können zusätzlich zum Film noch andere Inhalte angeboten werden, wie bspw. der Trailer und/oder Merchandise, Informationen zum Film wie Screeningtermine usw. Dadurch kann der Rechteinhaber selbst die Verbreitung und das Marketing steuern. Er profitiert mit jedem kostenpflichtigen Abruf, der bspw. bei *Distrify* mit 70/30 Beteiligung zwischen Rechteinhaber und Anbieter monetarisiert wird.

Somit richten sich die beiden Anbieter, zwar ähnlich wie *Onlinefilm* und *Vimeo*, direkt an die Rechteinhaber, die Distribution ihres Filmes soll hier allerdings plattformunabhängig selbst in die Hand genommen werden. Da der Upload mit nicht-exklusiver Rechteabgabe verbunden ist, kann der jeweilige Film zusätzlich auf zu *VHX* & *Distrify* auf anderen Plattformen wie bspw. *Onlinefilm* hochgeladen werden, um ganz unterschiedliche Zielgruppen anzusprechen.

Illegales Downloading und Streaming

Eine Form des VoD erfreut sich ganz besonderer Beliebtheit: das sogenannte Raub-VoD. Die Rede ist vom Angebot illegaler Streaminganbieter, die Filme zum Streaming und teilweise auch Download anbieten, ohne die Verwertungsrechte zu besitzen. Hier lassen sich auch eine Reihe hochwertiger Dokumentarfilme, auch aus dem Independentbereich finden und können gestreamt oder innerhalb kürzester Zeit herunterladen werden.

Die bekannteste illegale Streamingplattform kino.to wurde im Juni 2011 geschlossen. Vorausgegangen waren Hausdurchsuchungen mit der Verhaftung von 13 Betreibern, gegen die zusätzlich „[...]wegen Verdachts der Bildung einer kriminellen Vereinigung zur gewerbsmäßigen Begehung von Urheberrechtsverletzungen Ermittlungen aufgenommen wurden".[210]

Wie hoch der Einfluss dieser Portale auf die Filmindustrie ist, zeigen die Zahlen nach dem Abschalten von *kino.to*: Als direkte Folge der Deaktivierung stieg die Videotheken-Nutzung nämlich um bis zu 42 Prozent.[211] Innerhalb von nur drei Tagen nach der Schließung wurde mit *kinox.to* schon die Nachfolgeplattform präsentiert, welche sich optisch und technisch fast nicht von *kino.to* unterscheidet. Sie bietet ihren Nutzern rund 35.000[212], zumeist deutschsprachige Filme zum Streaming an. Die Betreiber finanzieren ihren Service mit Werbung. Doch neben *kinox.to* gibt es noch viele weitere Portale, die illegales VoD anbieten. Laut dem Branchenblatt *filmecho | filmwoche* wurden im September 2011 26 aktive illegale Streaming-Portale im Netz mit insgesamt 650.000 Links ermittelt. Neben den Betreibern kritisiert auch die *Gesellschaft zur Verfolgung von Urheberrechtsverletzungen (GVU)*, dass selbst renommierte

Unternehmen wie *1&1*, *Microsoft* und *DHL* auf Werbebannern auf der Nachfolgewebsite *kinox.to* erscheinen und dadurch indirekt zur Finanzierung von illegalen Streaming-Portalen beitragen. Auch derzeitig wird verstärkt nach den Betreibern von illegalen Streaming- und Downloadportalen gesucht sowie nach Trackern von *BitTorrent*-Netzwerken.

Auch die Website *filmatorium.com* bot bis zu seiner Schließung im Jahr 2012 einen umfangreichen Katalog an Kinofilmen an. Unterhalb der sehr ausführlichen Beschreibung fand man eine Reihe von Links zu Filehostern wie bspw. *RapidShare*, über die der illegale Download der Filme dann ohne Weiteres möglich ist. In der Rubrik ,Dokumentationen' konnte man eine Reihe hochwertiger Kinodokumentarfilme finden, wie bspw. den Film *Deckname Dennis* von Thomas Frickel (Geschäftsführer der *AG DOK*) aus dem Jahr 1996/1997. Frickel besitzt die Auswertungsrechte am Film und bieten ihn als legalen Download auf der kostenpflichtigen Plattform *Onlinefilm* an. Der illegale Downloadlink zum Film auf *filmatorium.com* war schon ein Jahr vor Abschalten der Website deaktiviert. Grund hierfür war ein Kommentar Frickels unterhalb der Filmbeschreibung, in dem er sich wie folgt über das Vorgehen der Seitenbetreiber beschwerte: „[…] geklaute Kopien meiner Filme aus dem Netz zu fischen, ist keine Geringfügigkeit. Er schadet auch nicht irgendeiner anonymen ,Content-Mafia', sondern ihr macht es mir (und wahrscheinlich auch anderen) damit unmöglich, in Zukunft noch solche Filme zu realisieren."[213] Dieser Kommentar Frickels war für den Betreiber der Website offenbar überzeugend. Zwar fand man auf der Seite weiterhin die Filmbeschreibung, nicht aber die Links zum Download des Films. Die Diskussion zwischen Frickel und dem Seitenbetreiber wurde weiterhin auf der Website dokumentiert und dokumentierte, dass Dokumentarfilmer und ihre wirtschaftliche Situation in der Öffentlichkeit offenbar oft falsch wahrgenommen werden. Ein weitreichendes Netzwerk von Seiten, die illegal Filme zur Verfügung stellen, besteht weiterhin.

Doch auch die großen VoD-Plattformen rüsten sich zum Kampf gegen illegales Herunterladen bzw. den Weitervertrieb von Filmen ihrer Seiten. Um sich vor illegalen Downloads von Filmen zu schützen und dadurch Urheberrechtsverletzungen vorzubeugen, stellte die Plattform *LOVEFiLM* die Software ihres Streamingservices von *Flash* auf das vermeintlich sichere *Microsoft Silverlight* um, welches bereits von *Netflix* genutzt wird.

Ein anderer Lösungsansatz liegt in der Veränderung der Zeiträume in der Verwertungskette. Denn jeder illegale Abruf ist ein Zeichen dafür, dass es einen Zuschauer bzw. Kunden für den Film gibt. Nun muss man sich fragen, wie man das Bedürfnis des Kunden befriedigen kann, einen Film so schnell wie möglich nach Herausbringen auch zu Hause auf seinem Endgerät schauen zu können. Denn die Autoren Turecek und Roters betonen in der Heftreihe *MEDIA PERSPEKTIVEN* diesbezüglich: „Je länger aber der zeitliche Abstand zwischen Kino- und DVD-/Internetauswertung ist, desto größer ist die Gefahr, dass sich die Zuschauer Filme bereits auf illegalem Weg besorgt haben."[214]

Es ist festzustellen, dass derzeit stark um Anteile am stark wachsenden VoD-Markt gerungen wird, indem die Anbieter versuchen, durch kostengünstige, teilweise sogar kostenlose Testphasen, Zuschauer und Abonnenten zu generieren, welche anschließend durch immer stärker wachsende Programmangebote und Serviceleistungen an die eigene Plattform gebunden werden. Gleichzeitig fällt auf, dass Plattformen wie *Amazon* und *Netflix* im Spielfilm-, Serien- als auch Dokumentarfilmbereich durch Eigenproduktionen exklusiven, exakt auf die Bedürfnisse der Zuschauer zugeschnittenen Content für ihre Plattformen selbst produzieren. Damit werden sie neben der Distribution zukünftig aller Voraussicht nach, auch zu einem ernstzunehmenden Player im Bereich Filmproduktion.

C3 MARKETING FÜR DEN DOKUMENTARFILM

Crowdfunding und VoD zeigen, dass das selbstständige Marketing des Filmemachers bzw. Produzenten heute immer wichtiger wird. Möchte man seinen Film selbstständig finanzieren und/oder verwerten, erfordert dies aber ein Umdenken und auch mehr Arbeit für die Filmschaffenden. Sie sollten sich dessen bewusst werden und beginnen, das Marketing für ihre Dokumentarfilme selbst zu realisieren bzw. ein aktiver Teil davon zu werden. Es gilt, für jedes Filmprojekt eine eigene Strategie zu entwickeln. Um hierfür einige Ansätze zu liefern, bietet dieses Kapitel einen Einblick in den Bereich des ‚Dokumentarfilm-Marketings'.

Low-Budget-Marketing

Ein Grund für mangelnde Zuschauerzahlen mag häufig ein Fehlen von Werbung und Öffentlichkeitsarbeit sein. Im Gegensatz zu Spielfilmen, bei denen das Werbebudget in der Regel sehr viel höher liegt und deshalb nicht selten mit einer außerordentlichen Präsenz im Stadtraum, im Fernsehprogramm und im Internet einhergeht, stehen den Verleihern von Dokumentarfilmen nur selten Mittel in vergleichbarem Umfang zur Verfügung. Wichtig für den Erfolg eines Dokumentarfilms im Kino bleiben Werbung und Marketing dennoch. Oft wird viel Energie darauf verwendet, einen Dokumentarfilm ins öffentliche Bewusstsein zu rücken: Regisseure gehen mit ihrem Film auf Tour, um im Anschluss an die Kinovorführung mit dem Publikum zu sprechen, es werden Bücher zum Film herausgebracht und versucht, in allen Medien sowohl mit dem Film als auch mit dem entsprechenden Thema präsent zu sein. Zusätzlich werden Interessengruppen mobilisiert, um als Multiplikatoren auf den Film aufmerksam zu machen. Neue Denkansätze und Strategien können hilfreich sein, vor allem Dokumentarfilme ins Bewusstsein der Öffentlichkeit zu rücken. Deshalb wurde dem Bereich Vermarktung in diesem Buch ein eigenes Kapitel (vgl. Kapitel 3) gewidmet.

Ein Beispiel für eine sehr gelungene Zielgruppenarbeit ist der französische Dokumentarfilm *Sein und Haben*. Der Film handelt von einer französischen Schule und erreichte in Deutschland 260.000 Kinozuschauer: Grund hierfür war dass eine konkrete Zielgruppe für den Film ausgemacht wurde. Lehrkräften und Schulpersonal entdeckten in dem Film eine andere Perspektive auf die eigene Lehrtätigkeit und waren ein starker Anteil der Kinozuschauer.

Wie notwendig ein Umdenken im Filmmarketing hin zu neueren unabhängigeren Ansätzen eines Low-Budget-Marketings ist, zeigt ein Interview der Macher des Blogs *Filmcourage*[215] mit Jon Reiss und Jeffrey Winter: Dort heißt es unter anderem, dass 80 Prozent der Filmschaffenden bisher keine Social Media-Plattformen nutzen,

GUTES MARKETING IST ERFINDERISCH, NICHT NACHAHMERISCH, UND DAHER IST MARKETING ALLES, WODURCH EIN INDEPENDENT-FILM ÜBER-HAUPT AUFMERKSAMKEIT ERLANGEN KANN.

FRITZ IVERSEN

um ihre Filme zu vermarkten.[216] Doch gerade für Dokumentarfilme ist dies der Weg, ihre Zielgruppe zu erreichen, da sie a) durch ihr geringes Budget nicht annähernd an das der großen Blockbuster rankommen und b) nicht die breite Masse ansprechen, sondern oft eine sehr spezielle Zielgruppe haben. Um das sogenannte ‚Low-Budget-Marketing' effektiv auf den Dokumentarfilm anzuwenden, muss sich bereits die Grundhaltung zum Kinomarketing wandeln.

Der Werbekonzeptionist Fritz Iversen schreibt dazu: „Gutes Marketing ist erfinderisch, nicht nachahmerisch, und daher ist Marketing alles, wodurch ein Independent-Film überhaupt Aufmerksamkeit erlangen kann"[217]. Er weist darauf hin, dass abseits von den üblichen Marketinginstrumenten – Plakate, Trailer, Promotion, PR und

Online-Präsenz – zwei weitere Akteure von besonderer Wichtigkeit sind: Der Film als ‚Produkt' sowie der Zuschauer als ‚Multiplikator'.[218] Auf dieser Ebene kann das Marketing nicht direkt beeinflusst werden und „hängt demnach von einer ‚dezentralen' Komponente ab"[219] – die Zuschauer verkaufen sich den Film im besten Falle selbst[220]. Diese Vernetzung lässt sich zum Vorteil nutzen, wenn man einen Gesprächsanlass liefert, welcher zum Film hinführt. Vor allem aktuelle Aufhänger mit Neuigkeitswert sind dabei am wirksamsten. Kinomarketing kann also nicht erwarten, dass seine Werbung zum direkten Erfolg führt. Vielmehr schafft sie einen „Anreiz, mit anderen darüber zu sprechen, und in diesem Gespräch fällt die Entscheidung, ob man den Film ansehen will oder nicht", so Fritz Iversen in seinem Aufsatz. ‚Social Media', ‚Guerilla-Marketing' und ähnliche Formen des ‚Low-Budget-Marketings' sind heute die Chance für unabhängige Filmemacher, ihre Werke zu bewerben und ihr Zuschauer direkt anzusprechen.

Besonders beim Low-Budget-Marketing des Dokumentarfilms ist es wichtig, die charakteristischen Merkmale des Projekts herauszuarbeiten, um Marketingstrategien gezielt und wohlüberlegt darauf auszurichten. Die hier genutzten Marketinginstrumente können nur wirken, wenn sie durch ihren Effekt bestechen – beispielsweise mit einem polarisierenden Thema. Hierbei muss für jeden Film eine entsprechende Strategie zugeschnitten werden. Für eine erfolgreiche Marketingstrategie gilt dabei, seinen Film in allererster Linie bis ins Detail zu analysieren und anschließend alle Möglichkeiten besonders aus finanzieller Perspektive auszuloten.

Strategische Ausrichtung

Um das Filmprojekt für weitere Marketingmaßnahmen greifbarer zu machen, ist es von Vorteil, den Dokumentarfilm zum einen inhaltlich zu typisieren, indem der Dokumentarfilm einem Untergenre wie bspw. Geschichte, Natur, Gesellschaft, etc. zugeordnet wird. Zum anderen wird die sogenannten Logline benötigt:

eine Kurzbeschreibung des Inhalts, wobei weitere Fragen zu Thema oder Gegenstand, der Erzähl- und Darstellungsweise, der Zeitperspektive und den Besonderheiten des Films helfen. Dazu noch Bildmaterial wie Fotos und Grafiken, sowie Statements von Regie, Produktion usw. Anschließend kann eine erste Präsentation in der Öffentlichkeit beginnen.

Im sogenannten ‚strategischen Dreieck' steht der Filmemacher dem potenziellen Zuschauer und dem konkurrierenden Filmmarkt gegenüber. Oberste Priorität hat zunächst einmal die ‚Zielgruppenanalyse' als Startpunkt jeglicher Marketing-Aktivitäten: Wer will meinen Film eigentlich sehen? Fritz Iversen gibt dazu den folgenden Hinweis: „Um den Markt zu verstehen und richtig einzuschätzen, muss man die richtigen Fragen stellen: Wer könnte den Film sehen wollen? Warum? Was muss man daran hervorheben, damit sich mehr Leute interessieren? Wann habe ich mit viel Konkurrenz zu rechnen, wann mit weniger? Wo, wie und was erfahren die Zuschauer über den Film?"[221] Damit der Film die Mehrheit seiner Zuschauer begeistern kann, muss erst einmal herausgefunden werden, wer diese überhaupt sind. Verschiedene Zielgruppen bedeuten auch unterschiedliche Communities im Social Web. Auch hier muss gefragt werden: Welche Websites besucht meine Zielgruppe? Welche Tools und Dienste werden von meinem Zielpublikum regelmäßig verwendet? Welche Inhalte schätzt mein Zielpublikum am meisten?

Die Bedeutung von Social Media-Marketing

Der Fokus liegt beim Dokumentarfilmmarketing auf digitalen Vermarktungswegen, da diese schnell und kostengünstig umzusetzen sind und als Anfangs- und Endpunkt aller Marketing-Strategien fungieren sollen.

Unter ‚Social Media-Marketing' versteht man „die Bestrebungen, eigene Inhalte, Produkte oder Dienstleistungen in sozialen Netzwerken bekannt zu machen und mit vielen Menschen – (potenziellen Kunden), Geschäftspartnern und Gleichgesinnten – in Kontakt zu kommen"[222]. Damit einhergehen sollte ein intensives ‚Social Media-Monitoring', da Communities in ihrem Verhalten und ihren Wünschen genau beobachtet werden müssen, um sie richtig bedienen zu können und langfristig starke Beziehungen aufzubauen.

Früher Beginn des Marketings

Es ist sinnvoll, schon zu Beginn der Produktion eine Facebook-Seite, einen Twitter-Account sowie eine Website für den Film zu erstellen. In den Kanälen des Social Webs hilft weiterhin die Recherche nach Experten und Multiplikatoren zu entsprechenden Themen. Beispielsweise kann man nach beliebten Blogs zur Thematik des Dokumentarfilms suchen und reichweitenstarke Blogger um Kooperation bitten. Außerdem können stark frequentierte Facebook-Seiten und Twitter-Accounts helfen, die Reichweite für die eigene Kommunikation zu steigern. Wobei man allen voran selbst mit einem Auftritt im Social Web als Experte auf seinem Themengebiet auftreten sollte und viel mehr Informationen liefern als lediglich Updates zum Film und dem Aufruf zur Unterstützung.

Die Social Media-Strategie

Es gibt zwar keine konkrete Gebrauchsanweisung für eine gelungene Social Media-Strategie, jedoch kann man sich an gewissen Richtlinien orientieren. Charlene Li und Josh Bernoff haben für Social Media-Strategien einen sogenannten POST-Framework (People, Objectives, Strategie, Technology) entwickelt.

Dabei gibt es vier Schritte:

- » **People**: Zielgruppe analysieren
- » **Objectives**: Ziele vorgeben
- » **Strategie**: Strategie definieren
- » **Technology**: geeignete Technologien zur Umsetzung zu wählen.[223]

Natürlich muss am Anfang klar sein, dass es ausreichend Inhalte zum entsprechenden Film gibt, die sich über das Social Web verbreiten lassen. Eine umfangreiche Recherche sollte aber auch ein Repertoire von anderen thematisch passenden Artikeln, Aktionen, Beiträgen, Communities, Links und dergleichen zum Ergebnis haben. Auch hier gilt wieder: Je ausgefallener, desto aufsehenerregender. In jedem Fall muss sich damit immer wieder aktuell auseinandergesetzt werden. Auch Beiträge von anderen Nutzern können geteilt werden. Ebenso sollte man sich nicht davor scheuen, selbst Twitter-Nutzern zu folgen und Facebook-Seiten zu liken, um ein Netzwerke aus einflussreichen Multiplikatoren aufzubauen.

Die Anzahl der Postings ist ein Drahtseilakt – wichtig ist auf der einen Seite, die Follower nicht mit Postings zu überladen und sie auf der anderen Seite nicht zu vergessen. Besonders auf Twitter ist es wirksam, kurze und Informative Inhalte zu posten, denen die Fans gerne folgen. Auch tägliche Tweets vom Set können für die Fans, denen die Abläufe einer Filmproduktion größtenteils unbekannt sind, lesens- und vor allem mitteilenswert sein.

Bei den Updates gilt nach Aussage des US-amerikanischen Produzenten Lloyd Kaufman immer vor allem darum, dass sie interessant und unterhaltsam sein sollten: „Needs to be something that they discover on their own, like a hidden jewel"[224].

Sollte es dann wirklich einmal daran sein, reines Marketing zu betreiben und die Follower dazu aufzufordern, Infos zum Film zu teilen, dann werden sie das aus einem ganz anderen Selbstverständnis heraus tun – weil es hier eben nicht nur um den Film als Marketingobjekt geht.

Beispiele für erfolgreiches Social Media-Marketing

Der erfolgreiche Dokumentarfilm *More than Honey* geht als gutes Beispiel in Sachen Social Media-Strategie voran. In Deutschland feierte der Film am 8. November 2012 seine Kinopremiere, der *Facebook*-Seiten-Start war im Dezember 2011[225] – knapp ein Jahr zuvor. Erste aktive Postings folgten im August 2012 und aktuell folgen

8.722[226] Fans den regelmäßigen Beiträgen. Diese umfassen unter anderem Informationen zum Film, Filmstills und Filmclips, Marketingmaßnahmen für das Buch zum Film, Aktionen und Initiativen zur Problematik des weltweiten Bienensterbens, Wissensfakten zum Thema, Artikelverlinkungen und Gewinnspielaufrufe.

Der dänische Dokumentarfilm *Blood in the Mobile* aus dem Jahr 2010 von Frank Piasecki Poulsen ist eine reportageartige Dokumentation über den ausbeuterischen Abbau von Koltan im Kongo und die damit einhergehenden Konsequenzen sowie die Firmenpolitik westlicher Mobilfunkhersteller, welche solche Konfliktmineralien verarbeiten. Auf der offiziellen Website[227] bekommt der Nutzer Informationen zum Film, zur Thematik und zum Filmteam. Außerdem findet er Verlinkungen zu sozialen Netzwerken und neben dem Trailer auch das Tagebuch des Regisseurs mit dazugehörigen Videobeiträgen. Zu dem Film gibt es neben dem *YouTube*-Kanal[228] einen *Twitter*-Account[229] und eine *Facebook*-Seite[230]. Letztere wurde schon 2009 erstellt, also bereits in der Planungsphase des Dokumentarfilms, und liefert bis heute, drei Jahre nach dem Kinostart in Dänemark, aktuelle Beiträge und zählt derzeit 16.836 Fans.

Zu Beginn wurden Artikel zum Thema, Videotagebucheinträge und Neuigkeiten gepostet, die über die aktuelle Entwicklung der Produktion des Films berichteten – sozusagen ein Live-Making-of der Dreharbeiten. Es folgten Aufrufe an die Fans, dem Film auch bei Twitter zu folgen und für die Finanzierung des Filmprojekts zu spenden. Die Beiträge sind vielseitig und abwechslungsreich platziert. Sie beschäftigen sich mit dem Entwicklungsstand des Films, der Thematik allgemein, es sind Beiträge über den Film und ebenso mit konkreten Marketingmaßnahmen. Da wären zum einen Postings zu gewonnenen Preisen, wie dem Marler Medienpreis Menschenrechte von Amnesty International, zum anderen Informationen zu Filmvorführungen und DVD-Veröffentlichungen, aber auch Links zu Seiten, die den Nutzern zeigen, wie sie selbst gegen die Problematik vorgehen können – beispielsweise durch den Kauf eines fair produzierten Smartphones.[231] Aktionen durch *change.org*-Links führen zu Berichten des Onlineauftritts von *The Guardian, BBC* oder *Deutschlandradio*. Außerdem gibt es Infografiken und Hinweise auf themenverwandte Filme.

Was vermieden werden sollte

Natürlich besteht auch immer die Gefahr, die Fangemeinde zu verlieren, wenn man nicht den Spielregeln der sozialen Netzwerke folgt. Kontraproduktiv sind beispielsweise zu häufiges Posten, zu marketing- und werbelastige Beiträge auf der Pinnwand sowie langweilige oder sich ständig wiederholende Postings. Folgt man jedoch den Richtlinien und Ideen für den ‚Social Media-Content', ist es möglich, schon während der Produktion eine große Fangemeinde aufzubauen und im Nachhinein ein Leichtes, bei dieser effektiv für Filmvorführungen zu werben.

Kosten beachten!

Ein überzeugender Aspekt ist natürlich auch der geringe Kostenfaktor von Social Media-Maßnahmen. „Der Einstieg ins Social Media-Marketing ist für 99 Prozent aller Unternehmen mit geringeren Kosten als klassische Marketingmaßnahmen zu realisieren. Die größte Investition (…), ist Zeit."[232] Dabei richtet sich die Social Media-Strategie vor allem nach dem Budget des Filmprojekts. Denn die Preisspanne liegt hier zwischen 100 und 100.000 Euro.

Formen des traditionellen Marketings

Natürlich ersetzt ein Auftritt im Social Web nicht die traditionellen Marketingmaßnahmen. Filmplakate und Flyer sind weiterhin wirksame Instrumente und sollten nicht vernachlässigt werden. Weiterhin ist eine Pressemappe nicht kostenintensiv und kann, wenn sie sinnvoll und kreativ ausgestattet ist, bei Journalisten und Bloggern für gelungenes Marketing sorgen. Neben den standardgemäßen

Angaben zum Film allgemein, der Besetzung und dem Inhalt; Links, Filmbildern, Kontaktinformationen, positiven Rezensionen, einer Presse-DVD oder dem Link zum Film im Internet, ist alles zuträglich, was die Mappe charakteristisch werden lässt. Beispielsweise könnten im Bezug auf den Inhalt des Films Aufhänger geliefert werden, die Blogger und Journalisten in ihren Artikeln verarbeiten und beim Leser gesteigertes Interesse erzeugen könnten – Statistiken, Zahlen, Fakten, auf denen der Dokumentarfilm basiert. Letzten Endes verweisen Journalisten und Blogger mit ihren Artikeln nicht nur auf Ihren Film, sondern liefern damit Referenzen, die in den Social Media-Kanälen verbreitet werden können.

Der Trailer ist ebenso ein wichtiger Bestandteil des Film-Marketings und insbesondere der Social Media-Strategie, da er Content für Netzwerke und Video-Plattformen ist und durch Social Sharing leicht multipliziert werden kann.

Auch eine persönliche Bindung zum Zuschauer ist wie bereits erwähnt sehr wichtig. Dabei ist es sinnvoll, traditionelle und neue Direktmarketingkanäle maßvoll und unter Einwilligung der Nutzer einzusetzen. Dazu zählen Newsletter sowie persönliche E-Mails, automatische Antworten von E-Mail-Servern, Privatnachrichten und Direktnachrichten auf Social Media-Plattformen, Einträge auf Pinnwänden, Kommentare in Blogs, E-Cards und Tell-a-Friend-Funktionen und Werbehinweise in Bestätigungs- oder Registrierungs-E-Mails.

Beim Low Budget-Marketing ist es sinnvoll, crossmedial, also medienübergreifend zu denken. Nicht nur die Möglichkeiten des Social Web sollten ausgenutzt werden, sondern auch die anderen, vielfältigen Angebote im Internet, sowie die traditionellen Marketing-Instrumente. Auch Mobile Social-Marketing kann, wenn es zum Thema passt, eingesetzt werden. Es können Applikationen für mobile Endgeräte angeboten werden, falls sich eine kostengünstige Möglichkeit bietet oder eine derartige App schon existiert. Weiterhin können QR-Codes[233], die wiederum im Sinne des Guerilla-Marketings im Lebensumfeld der Menschen platziert werden, zum Film verweisen. Beispielhaft voran geht in diesem Fall die *Gebrueder Beetz Filmproduktion*, in deren Firmenprofil es heißt: „Mit unseren Produktionen wollen wir innovative Kulturvermittlung betreiben und ein breites, internationales Publikum erreichen. Daher komplettieren wir seit 2007 unsere filmischen Inhalte durch zielgruppengerechte cross-mediale Formate bestehend aus Webkampagnen, Apps für Tablets und Smartphones, Webdokus, Medienevents und Büchern."

Nutzung von viralem Marketing

Bei diesem sogenannten viralen Marketing können sich Inhalte viral – metaphorisch durch die Übertragung eines Virus – über soziale Netzwerke und Medien verbreiten und so zur Bekanntheit eines Films beitragen. Mit dieser Strategie erweitert und multipliziert sich die Zahl der Empfänger mit jedem Verbreitungsschritt und jedem Kontakt. Videos sind für virales Marketing besonders gut geeignet. Von Bedeutung ist dabei ein inszenierter Überraschungseffekt, der die Botschaft des Films verbreitet. Die originelle Idee ist also entscheidend für den Erfolg des Videos.

Zum Bewegtbild gehören aber auch noch zwei weitere Arten – Making-of-Clips und Recherche-Material. Beides kann im Social Web und auf dem Blog verbreitet werden. Die Making-of-Filme können ebenso wie Textinhalte durch Informationsgehalt, Unterhaltungswert oder gar Schockwirkung bestechen, so dass die Internetnutzer dazu animiert werden, die Videos zu teilen. Regelmäßiges Veröffentlichen solcher Clips steigert außerdem das Interesse noch vor der Premiere des Films.

Nutzung von Blogs

Blogs führen wie schon dargelegt, mehrere Marketinginstrumente zusammen und sind ein weiteres preislich günstiges, aber zeitintensives Marketinginstrument. Sie vereinen journalistische Arbeit und persönliche Nachrichten. Blogs lassen sich einfach und teils sogar kostenlos auf *wordpress.com, blogger.com* oder *typepad.com* erstellen. Alternativ können sogenannte ‚Content-Management-Systeme' wie *Wordpress* und *TYPO3* auf dem eigenen Server installiert werden und sowohl technisch als auch gestalterisch relativ einfach individuell angepasst werden.

Producer of Marketing and Distribution (PMD)

Marketing und Distribution in Teilen selbst zu übernehmen, bedeutet für den Regisseur oder Produzenten vor allem zusätzlicher Zeitaufwand. Wenn man sich dieser Aufgabe selbst annehmen möchte, sollte man sich bewusst werden, ob man genügend Enthusiasmus dafür mitbringt. Besonders die Arbeit im Social Web erfordert vor allem persönliches Interesse an diesen Medien.

Heute muss verstanden werden, dass Filmemacher selbst, beziehungsweise die Filmteams, für die Interaktion mit dem Publikum sowie teilweise auch für die Distribution ihrer Filme verantwortlich sind. Sie müssen außerdem verstehen, dass dies eine langwierige Aufgabe ist und deshalb auch schon mit dem Beginn der Vorproduktion einhergeht, um bestmögliche Resultate zu erzielen. Den größten Fehler, der als Regisseur und Produzent begangen werden kann, ist bis zum Ende der Filmproduktion zu warten, um mit dem Marketing und der Publikumsgewinnung zu beginnen.

Es handelt sich hierbei also um einen eigenen Teil des Filmemachens, welcher unter Umständen genauso viel oder mehr Arbeit bedeutet als die Filmproduktion an sich. Diese Aufgabe ist den Filmemachern in ihren derzeitigen Strukturen wie bereits erwähnt meist nicht mehr aufzubürden, sie würden eine zeitlich nicht zu leistende Belastung darstellen. Möchte man Marketing und Distribution nicht weiterhin an externe Beauftragte abgeben, so empfiehlt es sich, eine eigens dafür geschaffene Position im Filmteam zu besetzen – den ‚Producer of Marketing and Distribution (PMD)'.[234] Er ist für die Zielgruppenbindung verantwortlich und damit in gleicher Weise für das Marketing wie für den Vertrieb. In seiner Verantwortung liegt es auch herauszufinden, was die Spezifika des Films und der Zielgruppe sind und eine entsprechende Marketingstrategie zu entwickeln.

Der Digital Media Stratege Jon Reiss stellt für den Verantwortungsbereich und die Aufgaben des PMD einige Richtlinien auf:

1. Der PMD muss die Zielgruppe des Films identifizieren, sie erforschen und mit ihr in den Dialog treten.

2. Er entwickelt eine Vertriebs- und Marketing-Strategie unter Beachtung der zentralen Ideen und Grundsätze des Filmteams. Die Vertriebs- und Marketing-Strategie muss in den Gesamt-Business-Plan für den Film integriert werden.

3. Für die Marketing- und Vertriebs-Strategie wird ein Kostenplan erstellt.

4. Je nach Bedarf und Eignung können Fundraising-Strategien (würde ich rauslassen: mit Hilfe des Publikums) eingesetzt werden, welche die traditionelle Finanzierung ersetzen oder ergänzen. Diese umfassen Crowdfunding, organisatorische Partnerschaften, Sponsoring und/oder weitere modifizierte Versionen des traditionellen Fundraisings.

5. Der PMD plant und überwacht die erforderlichen Team-Einsätze für die Durchführung der Marketing- und Vertriebs-Strategie, bspw. im Rahmen von Social-Media-Management, Presse- und Öffentlichkeitsarbeit, Werbung etc. (Statt: der Social-Media-Strategie und der Werbung.)

6. Der PMD hat die Aufgabe, durch den Kontakt zu Organisationen, über Blogs, soziale Medien und traditionelle Werbung die größtmögliche Reichweite für den Bereich Marketing und Distribution zu erzielen.

7. Ihm obliegen weiterhin die Beschaffung von Werbematerialien und die Ausgestaltung transmedialer Elemente der

Marketing- und Vertriebsstrategie. Dies beinhaltet sowohl die Erarbeitung von Konzepten und Ablaufplänen als auch die Beschaffung der Inhalte für die Transmedia-Strategie, die sich bspw. auf die Film-Website und das Social Media-Management beziehen kann. Dabei werden Produktionsfotos, Videobeiträge und traditionelle Werbemittel eingesetzt. Soll die Marketing- und Vertriebsstrategie transmediale Elemente aufweisen, muss dies von Anfang an mit bedacht werden.

8. PMD ist für eine große Reichweite an potenziellen Vertriebs- und Marketing-Partnern verantwortlich. Sein Netzwerk umfasst Filmfestivals, Kinofilmverleiher, DVD-Vertriebsgesellschaften, Vertreter von Digital- und Video-on-Demand-Diensten, Fernsehredakteuren sowie Sponsoren und Werbepartner.

9. Der PMD überwacht neben der Bereitstellung traditioneller Elemente von Marketing und Vertrieb die Organisation aller für die Filmveröffentlichung erforderlichen Medien:

   » Live-Ereignisse/Verleih: Die Herstellung von abspielbaren DVDs bzw. Bereitstellung entsprechender Festplatten als auch jegliche weitere Vorbereitung für Event-Vorführungen.

   » Merchandising: Die Bereitstellung von DVDs (inklusive Genehmigungen und Kopien) und aller anderen Werbe-Produkte zum Film: Bücher, Kleidung, Spielzeug, Kopien von Requisiten etc.

   » Digitale Produkte: Die Herstellung und Kodierung von digitalen Produkten, wie iPhone- bzw. Android-Apps etc.

10. Der PDM muss während der gesamten Zeit der Kampagne in der Gestaltung seiner Marketing- und Vertriebsstrategie auf sich verändernde Bedingungen in Sachen Zielgruppe, Märkte und aktuelle Gegebenheiten reagieren.

11. Falls es erforderlich wird, muss der PMD sein Engagement

hinsichtlich der Distribution des Films verstärken.

Das bedeutet, er sollte:

» Live-Events organisieren und versuchen, die Veranstaltungen zu etwas Besonderem zu machen, bspw. durch Diskussionsrunden mit dem Regisseur oder anderen Beteiligten.

» Den Merchandising-Vertrieb vorantreiben und verstärken durch eine breite Auswahl an Produkten.

» Die digitale Verbreitung auf allen Ebenen – Fernsehen, Video-on-Demand, mobile Endgeräte, Breitband, Video-Spiele – fokussieren.

» Nicht nur auf dem nationalen, sondern auch auf dem internationalen Markt agieren.

» Einige dieser Strategien und Konzepte sind möglicherweise in Abstimmung mit Vertriebspartnern umzusetzen. In diesem Fall gehört es zum Aufgabenbereich des PMD die Vertriebspartner zu betreuen aber auch zu kontrollieren.

» Die Veröffentlichung des Films ist integraler Bestandteil einer – soweit vorhanden – transmedial ausgerichteten Marketing- und Vertriebsstrategie. Dies gelingt, wie bereits erwähnt, am ehesten durch ein von Beginn an transmedial geplantes Konzept.

12. Die Vermarktung des Films durch die verschiedenen Formen des Marketings muss zum Zeitpunkt der Veröffentlichung des Films verstärkt werden. Dazu gehören die Intensivierung

   » des Social Media-Managements,
   » der Öffentlichkeitsarbeit,
   » des Kontakts zu Organisationen,
   » der Sponsoren-Beziehungen,
   » der Online Media-Planung und des E-Mail-Marketings,
   » der allgemeinen Werbemaßnahmen,
   » von TV-, Radio- und ähnlichen Beiträgen

» von Trailer-Veröffentlichungen und anderen
Video-Beiträgen

» von spezifischen, themen-und/oder zielgruppen-
bezogenen Marketing Strategien

Bereits die angeführte Liste an zu bewältigenden Aufgaben des
PMDs zeigt, wie umfangreich dessen Verantwortungsbereich ist und
wie illusorisch es wäre zu erwarten, dass ein Regisseur, ein Produzent
oder das traditionell zusammengesetzte Filmteam die Koordination
all dieser Funktionen zusätzlich übernimmt.[235]

Da der Posten des PMD hierzulande noch nahezu unbekannt ist, ist
in der deutschsprachigen Literatur bisher von Social-Media-Mana-
gern die Rede, die eigenständig oder als Teil des Marketing-Teams
arbeiten. Sie gelten als die öffentliche Stimme, der Vermittler und
die Kontaktperson des Unternehmens für Kunden, Multiplikatoren
und Geschäftspartner. Außerdem beobachten sie unentwegt den
Meinungsaustausch, analysieren Themen, Inhalte und Trends und
bringen sie mit den Marketingmaßnahmen in Einklang.

Eine Schwierigkeit bleibt es, diese vielfältigen Marketinginstrumente
zu finanzieren, wenn bei niedrig budgetierten Dokumentarfilmen so
gut wie kein Marketingbudget dafür zur Verfügung steht. Eine Lösung wäre auch hier das Crowdfunding. Hierdurch kann neben dem
Eigenanteil des Produzenten auch ein finanzieller Posten für Marketing und Distribution gedeckt werden.

Je nach finanziellem Spielraum muss der Filmemacher/Produzent
folglich abwägen, wie viel des unabhängigen Filmmarketings zu seinen Aufgabengebiet wird. Ob er selbst das Low-Budget-Marketing
in die Hand nehmen will, ein PMD diese Aufgaben übernimmt oder
eine Kooperation mit Agenturen und Beratern erwägt wird, hängt
immer vom Projekt, den Ressourcen und von der Motivation des Produzenten für diese Aufgaben ab. Die digitalen Möglichkeiten bieten
in jedem Falle den kostengünstigsten Einstieg in das Low-Budget-
Marketing des Films.

SCHLUSSBETRACH-
TUNG / AUSBLICK

Die traditionellen Formen der Finanzierung und Distribution von langen Dokumentarfilmen haben sich in Deutschland über Jahre hinweg entwickelt und gefestigt. Dabei sind die Antragsverfahren der unterschiedlichen Institutionen der deutschen und europäischen Filmförderung mit einem enormen zeitlichen und bürokratischen Aufwand verbunden. Außerdem sind geförderte Projekte an gewisse Voraussetzungen gebunden, wie bspw. regionale Verortung, vorgegebene Länge und Auswertungsart des Filmwerks sowie in den meisten Fällen auch eine Beteiligung des Fernsehens. Lange Antragsverfahren machen aktuelle Themen fast unmöglich und zugleich führen intransparente Entscheidungsverfahren zu Verunsicherungen auf Seiten der Antragsteller, ob eine Chancengleichheit tatsächlich gegeben ist.

Im Zuge einer zunehmend erfolgreicheren Auswertung schaffen Dokumentarfilme zwar immer häufiger den Sprung ins Kino, doch bleiben die Zuschauerzahlen bis auf Ausnahmen konstant niedrig. Somit erhöht sich zwar das Angebot an dokumentarischen Formaten in der deutschen Kinolandschaft, doch die Nachfrage verteilt sich letztlich nur auf ein größeres Angebot. Im Fernsehen findet sich der lange Dokumentarfilm oft im Spätprogramm auf festen unattraktiven Sendeplätzen. Außerdem sehen sich die wenigen Redaktionen für lange Dokumentarfilme mit immer geringer werdenden Budgets konfrontiert.

Im Internet findet man heute zahlreiche Instrumente zur Finanzierung und Distribution langer Dokumentarfilme. Es ist inzwischen technisch sehr einfach möglich, Filme mithilfe von Crowdfunding zu finanzieren. Die bestehenden Crowdfunding-Plattformen bieten dafür vielerlei technische Instrumente, um Projekte einzustellen und somit die Finanzierungsphase durchzuführen. Zudem ermöglichen VoD-Plattformen eine kommerzielle Auswertung von Filmen. Es kann konstatiert werden, dass es inzwischen funktionierende technische Grundlagen gibt, um Dokumentarfilme onlinebasiert finanzieren, vermarkten und auswerten zu können. Vor allem auf Seiten der

Konsumenten und Prosumenten eröffnen die sozialen Medien einen anderen Zugang zum Film: Interaktivität, Partizipation und Kommunikation können hier als neue Schlagworte für zukünftige Dokumentarfilmproduktionen gelten.

Crowdfunding kann, unabhängig von den erreichten Beträgen, als maßgeblicher Perspektivwechsel im Marketing eines Projekts verstanden werden. Denn die Erfolgschancen für Crowdfunding steigen enorm, wenn die Zielgruppe (Crowd) schon vor Drehbeginn in das Projekt eingebunden und über die Dauer des Projekts auf dem aktuellen Stand der Dinge gehalten wird (Finanzierungsgrad, Projektentwicklung, weiterer Fortgang). Michael Augustin spricht in diesem Zusammenhang von sogenannten ‚Direct-to-Fan-Marketingprinzipien‘: Kommunikation mit dem (internetaffinen) Publikum ist heute mit Hilfe der viralen Effekte von Facebook, Twitter, Blogs, E-Mails und Co. schnell und preiswert möglich. Die aufgebaute Community fungiert dabei nicht nur als Geldgeber, sondern kann bei Bedarf im Sinne des Crowdsourcing mit seinen individuellen Fähigkeiten und Kontakten Einzug in ein Projekt erhalten und so erhebliche Mehrwerte für die Filmproduktion schaffen.

Filmemacher werden nicht umhin kommen, einen großen Teil des Marketings selbst in die Hand zu nehmen. Aber dennoch sollten sie ernsthaft in Erwägung ziehen, sich jemanden an die Seite zu holen, der die Aufgaben des Marketings beherrscht und konsequent verfolgt: Der ‚Producer of Marketing and Distribution‘ (PMD) als neue Position in der Filmcrew scheint auf lange Sicht eine sinnvolle Neuerung im Hinblick auf die Komplexität der digitalen Welt und deren Erfordernisse. Er könnte zukünftig die Basis bilden für ein gelungenes Low-Budget-Marketing innerhalb des ‚Neuen Systems‘. In den Vereinigten Staaten übernimmt der PMD als etablierte Position im Produktionsteam bereits heute Aufgaben, die in Deutschland traditionell den Verleihern zukommen.

Besonderes Potenzial eröffnet sich in der Kopplung von Crowdfunding mit den traditionellen Strukturen der Filmfinanzierung.

Sollten Sender und Förderanstalten sich bereit erklären, Filmprojekte mithilfe von Crowdfunding zu unterstützen, könnte die Finanzierung innerhalb dieser Strukturen an einigen Stellen deutlich transparenter und demokratischer werden. Der Produzent würde in diesem Falle einen gewissen Betrag durch Crowdfunding zusammentragen und die Filmförderung ihrerseits das Filmbudget entsprechend erhöhen.[236] Im Zuge dessen wäre der Produzent nicht ausschließlich von der Entscheidung eines Gremiums bzw. einer Redaktion abhängig, sondern könnte durch die aktive Generierung von Eigenmitteln (durch Crowdfunding) und Zielgruppe (durch Marketing) weitere wichtige Argumente für die Förderfähigkeit seines Projektes liefern. Das Gremium wiederum hätte einen ‚Proof of concept', dass das Projekt in der Öffentlichkeit Anklang findet und wäre bei der Erfolgsprognose nicht allein auf die eigene Kompetenz bzw. Erfahrung gestellt. Auf der anderen Seite ist denkbar, dass ein Produzent seine Idee einer Fernsehredaktion vorstellt und diese eine gewisse Summe der Entwicklungskosten an den Aufbau einer Community sowie an eine Crowdfundingkampagne koppelt, um das interaktive und identitäre Potenzial dieser neuen Finanzierungsform für den Aufbau von Reichweite zu nutzen. So hätten die Filme bereits eine Zielgruppe, noch bevor sie ausgestrahlt werden.

Auf Seiten der Distribution bieten zahlreiche VoD-Portale ihren Service an. Unterscheiden kann man hier zwischen rein kommerziellen Plattformen wie *maxdome*, *Amazon Instant Video* und seit Mitte September 2014 auch dem Globalplayer *Netflix* und solchen, auf denen der Rechteinhaber selbst sein Werk hochladen und anschließend monetarisieren kann, wie es bei *DAFilms.com*, *Onlinefilm* und *VIMEO ON DEMAND* der Fall ist. Die prinzipielle Demokratisierung, die VoD-Plattformen auf der Ebene von Angebot und Nachfrage bieten, wird von der (finanziell gestützten) Präsenz rein kommerzieller Plattformen überschattet. Hierbei werden nicht nur riesige Marketingbudgets umgesetzt, sondern auch durch Verträge mit Geräteherstellern sichergestellt, dass die entsprechenden Zugänge über

Apps schon vorinstalliert auf den Geräten zur Verfügung stehen. Dabei geht es heute um den einfachen orts- und zeitunabhängigen Zugang zu allen Filmwerken. Gerade die Tatsache, dass Internetportale wie *maxdome* Filme primär wirtschaftlich verwerten, ohne den Rechteinhaber prozentual zu beteiligen, unterscheidet sie aus Sicht kritischer Nutzer nicht maßgeblich von illegalen Streamingplattformen. Damit wird die Wahl zwischen einer rein kommerziellen Plattform und einer illegalen Plattform zu einer moralischen und/oder finanziellen Entscheidung.

Illegale Streamingportale wie bspw. *kinox.to* bieten ein weitreichendes Angebot vollkommen kostenfrei an (im Falle von kinox.to circa 35.000 Filme[237] inklusive Dokumentarfilmen und Dokumentationen). Dies schadet vor allem den Rechteinhabern, die versuchen, ihre Filme auf anderen VoD-Plattformen gegen Bezahlung auszuwerten und auf diesem Wege Filme zumindest teilweise zu refinanzieren. Doch oftmals ist es Usern illegaler Plattformen nicht einmal bewusst, dass sie die Rechteinhaber missachten: Ihr Antrieb entsteht vielmehr daraus, dass Filme sehr häufig nach dem kurzzeitigen Erscheinen in den Mediatheken der Sender nirgendwo mehr aufzufinden sind. Dann sind es oft die illegalen Mitschnitte auf *YouTube* oder eben *kinox.to* etc., die den Zugang zu den gesuchten Inhalten noch ermöglichen. Hier bedarf es daher eines konkreten Umdenkens: Würde es gelingen, den Nutzern illegaler Plattformen die wirtschaftliche Situation unabhängiger Dokumentarfilmer deutlich zu machen, wäre es unter Umständen möglich, sie zur direkten Unterstützung der Filmemacher durch kostenpflichtige Streamingdienste zu bewegen. Hilfreich ist hier die transparente Darstellung der Betreiber, ihrer Motivation und der finanziellen Beteiligung der Rechteinhaber an den Umsätzen. Vor allem *Onlinefilm* bietet ein sehr transparentes und authentisches Finanzierungsmodell für Rechteinhaber. Um jedoch höhere Umsätze zu generieren, müssen diese Plattformen noch viel stärker in die Öffentlichkeit rücken und mit gutem Angebot, ansprechender Gestaltung und unkomplizierter technischer Abwicklung ihre Nutzer langfristig binden.

Hoffnungsvolle Aussichten bietet die Kopplung mit traditionellen Medien wie die Kooperation von *DAFilms.com* mit der Wochenzeitung *DIE ZEIT*, die zugleich auch eine Erweiterung des Zielpublikums und einen höheren Bekanntheitsgrad in der breiten Öffentlichkeit mit sich zieht. Wie wichtig intermediale Öffnungen sind, zeigt sich u.a. daran, dass sowohl *DAFilms.com* als auch *Onlinefilm* bisher maßgeblich durch das Programm *MEDIA 2007* der europäischen Union gefördert wurden. Sollten sie es in Zukunft nicht schaffen, sich wirtschaftlich selbst zu tragen, ist ihr weiteres Bestehen ungewiss.

Mit der ‚Sektion Dokumentation' gründete sich 2011 eine Interessengruppe innerhalb der *Produzentenallianz*, die für die Rechte der Dokumentarfilmproduzenten eintritt. Vor allem bei Verhandlungen mit Sendern, hinsichtlich der Sendeplatzentwicklung im Fernsehen sowie der Budgetierung von Projekten nimmt sie an entsprechenden Diskussionen teil. Eine weitere Interessenvertretung für Dokumentarfilmer ist der Zusammenschluss ‚Dok-Regie' als Teil des *Bundesverbandes Regie (BVR)*. Dieser gründete sich Anfang 2012 und trat erstmals im Rahmen der Berlinale mit einer Mitgliederversammlung an die Öffentlichkeit. Die bislang über 400 Mitglieder wollen sich für nachhaltige Finanzierung sowie fairen Umgang mit Auswertungsrechten für Dokumentarfilmer einsetzen. Gemeinsam mit der sehr traditionsreichen und mitgliederstarken *AG DOK* verfügen die Filmschaffenden im Dokumentarfilmbereich damit zahlreiche Kanäle, um selbstbewusst Debatten mit Verantwortlichen von Sendeanstalten führen zu können.

Könnte man die Erfahrung, Kompetenz und Netzwerke der Mitglieder dieser drei Interessenverbände mit den Visionen und hoffnungsvollen Möglichkeiten der Finanzierung und Distribution im Internet zusammenbringen, so stünde dem langen Dokumentarfilm sicherlich eine aussichtsreichere Zukunft bevor!

Obwohl der Dokumentarfilm immer wieder als das Stiefkind des Kinos gesehen wird, haben ihre Macher eine Reihe an Möglichkeiten, um ihn – unabhängig von den Strukturen der kommerziellen

Filmvermarktung – an den Zuschauer zu bringen. Was dafür nötig ist, ist ein Wandel im Denken der Filmemacher und eine Neusortierung der Rollenverteilung im Filmteam. Schon heute ist in der Filmproduktionslandschaft festzustellen, dass neue Player den Markt betreten. Große VoD-Anbieter wie *Netflix* und Amazon produzieren bereits eigene Serien und orientieren sich dabei ganz gezielt an den Bedürfnissen des Publikums. Der vermehrte Einbezug der Crowd bietet Filmemachern die Möglichkeit, sich auch an experimentellere Projekte heranzuwagen. Dies erfordert allerdings eine direkte Ansprache des Publikums sowie ein Eruieren von deren Wünschen und nicht nur die Zustimmungsbereitschaft eines Fördergremiums.

Beim Crowdfunding wie auch VoD wandelt sich das Verhältnis zwischen Geldgeber, Filmemacher und Zuschauer maßgeblich. Durch die finanzielle Beteiligung der breiten Öffentlichkeit an der Finanzierung von Filmwerken entwickelt sich ein transparentes, flexibles Werkzeug, welches unabhängig von Entscheidungsträgern die Finanzierung ermöglicht. Hierbei kann von einer Demokratisierung gesprochen werden, an der jeder teilhaben kann, unabhängig von Raum und Zeit.

ANHANG

X

X1 GLOSSAR / ABKÜRZUNGS-VERZEICHNIS

» **AG DOK:** Arbeitsgemeinschaft Dokumentarfilm

» **ARD:** Arbeitsgemeinschaft der öffentlichrechtlichen Rundfunkanstalten der Bundesrepublik Deutschland (Fernsehsender)

» **ARPANET:** Advanced Research Projects Agency Network (Vorläufer des heutigen Internets)

» **ARTE:** Association Relative à la Télévision Européenne (Fernsehsender)

» **BBC:** British Broadcasting Corporation (Fernsehsender)

» **BKM:** Beauftragte der Bundesregierung für Kultur und Medien

» **BD:** Blu-Ray Disc

» **DFFF:** Deutscher Filmförderfonds

» **DOK Leipzig:** Internationale Leipziger Festival für Dokumentar- und Animationsfilm

» **DRM:** Digital Rights Management

» **DSLR-Kamera:** Digital Single Lens Reflect- Kamera

» **DTB:** Download-to-burn

» **DTR:** Download-to-rent

» **DTO:** Download-to-own

» **DVD:** DVD Digital Versatile Disc

» **ECFF:** European Coordination of Film Festivals

» **ESoDoc:** European Social Documentary

» **FFA:** Filmförderungsanstalt

» **FFF:** FilmFernsehFonds Bayern

» **FFG:** Filmförderungsgesetz

» **FFHSH:** Filmförderung Hamburg Schleswig-Holstein GmbH

» **FoD:** Free on Demand

» **Geo-Blocking:** Regional Vergabe von Zugriffsrechten

» **GVU:** Gesellschaft zur Verfolgung von Urheberrechtsverletzungen

» **HD:** High Definition

» **HFF:** Hochschule für Film und Fernsehen „Konrad Wolf"

» **HHMI:** Howard Hughes Medical Institute

» **Ikosom:** Institut für Kommunikation in sozialen Medien

» **i-Frame/Inlineframe:** HTML-Element, zur Einbindung anderer Webinhalte auf Website

» **KJDF:** Kuratorium junger deutscher Film

» **MBB:** Medienboard Berlin-Brandenburg

» **MDM:** Mitteldeutsche Medienförderung

» **MEDIA:** Mesures pour Encourager le Développement de l'Industrie Audiovisuelle

» **MFG:** MFG Medien- und Filmgesellschaft Baden-Württemberg mbH

» **MipTV:** Branchenveranstaltung für TV

» **MipDOC:** Branchenveranstaltung für dokumentarische Formate

» **NGO:** Non-Governmental Organization

» **Prosument:** Ein Verbraucher (Konsument), der gleichzeitig auch Produzent ist.

» **SVoD:** Subscription-VoD

» **TVoD:** Transactional-VoD

» **UGC:** User Generated Content

» **VHS:** Video Home System

» **Viraler Effekt:** Sehr schnelle Verbreitung im Internet durch soziale Netzwerke (Facebook, Twitter), Blogs, Portale (Youtube)

» **VoD:** Video-on-Demand

X2 LITERATUR-VERZEICHNIS

Literatur

» Albers, Karin/Fink, Wibeke (2005): Mehr, weniger oder anders? Zur Aktualisierung der Studie der Arbeitsgemeinschaft Dokumentarfilm (AG DOK) „Dokumentarische Sendeplätze im Fernsehen". In: Haus des Dokumentarfilms (Hrsg.) (2005): DOKVILLE 2005 Dokumentation. Stuttgart. S. 10-14.

» Arbeitsgemeinschaft Dokumentarfilm (Hrsg.) (2005): Die Verteidigung des Realen. 25 Jahre Arbeitsgemeinschaft Dokumentarfilm. Frankfurt am Main: AG DOK.

» Arbeitsgemeinschaft Dokumentarfilm (Hrsg.) (2007): Festivals, Film- und Medienpreise, Journalistenpreise für den Dokumentarfilm in Deutschland. Frankfurt am Main: AG DOK.

» Arbeitsgemeinschaft Dokumentarfilm (Hrsg.) (2008): Dokumentarische Sendeplätze im deutschen Fernsehen. Frankfurt am Main: AG DOK.

» Arbeitsgemeinschaft Dokumentarfilm/German Films (Hrsg.) (2010): Wegweiser Weltvertrieb. Frankfurt am Main: AG DOK.

» Arbeitsgemeinschaft Dokumentarfilm (2011): AG DOK Mitglieder-Info 09/2011. Frankfurt am Main: AG DOK.

» Arbeitsgemeinschaft Dokumentarfilm (2011b): „Kulturelle Verarmung". Die AG DOK zum Verhältnis Kinofilm und Fernsehen. In: epd Medien. Nr. 9. 04.03.2011. S. 36-40.

» Austin, Thomas/de Jong, Wilma (Hrsg.) (2008): Rethinking Documentary. New Pespectives, New Practices. Berkshire: Open University Press.

» Augustin, Michael (2014): Es lebe die Crowd. In: Leitner, Matthias/ Sorg, Sebastian/ Sponsel, Daniel (Hrsg.) (2014): Der Dokumentar-film ist tot, es lebe der Dokumentarfilm. Über die Zukunft des dokumentarischen Arbeitens. Marburg: Schüren-Verlag GmbH. S. 113-127. Hier: S. 124.

» Bannour, Karim-Patrick & Grabs, Anne (2012): Follow me! Erfolgreiches Social media Marketing mit Facebook, Twitter und Co. 2. Auflage. Bonn: Galileo Computing.

» Barnouw, Erik (1993): Documentary: a history of the non-fiction film. New York: Oxford University Press.

» Bartelt, Denis/Lindner, Hagen/Theil Anna (2011): Wie funktioniert Crowdfunding? In: Startnext (2011): das co:funding handbuch. Dresden: Startnext, S. 6.

» Barth, Anja (2011): Mit Crowdfunding zum Kulturengagement 2.0 für Unternehmen. In: Eisfeld-Reschke, J./Wenzlaff, K. (Hrsg.) (2011): Crowd Funding Handbuch. Institut für Kommunikation in sozialen Medien (ikosom). S. 20-21.

» Bartsch, Volker (1997): Konsequenzen der Digitalisierung für Dokumentarfilme. In: Hoffmann, Kay (Hrsg.) (1997): Trau- Schau-Wem. Digitalisierung und dokumentarische Form. Konstanz: UVK Verlagsgesellschaft. S. 97-103.

» Becker, Ralf/Magnus, Stephan (2009): Delphi-Studie „Fernsehen 2012" – Strategische Zukunftsperspektiven. Bickenbach: Mediarise.

» Beer, Carolin (2000): Die Kinogeher. Eine Untersuchung des Kinopublikums in Deutschland. Berlin: VISTAS Verlag.

» Binninger, Susanne/Stanjek, Klaus (1999): Dokumentarische Sendeplätze im deutschen Fernsehen. Frankfurt am Main: AG DOK.

» Bühler, Markus (2009): Marktanalyse des Video-on-Demand-Marktes in Deutschland. Aussichten und Potentiale. Hamburg: Diplomica Verlag.

» Castendyk, Oliver (2008): Die deutsche Filmförderung. Eine Evaluation. Konstanz: UVK Verlagsgesellschaft.

» Chapman, Jane (2007): Documentary in practice. Filmmakers and production choices. Cambridge: Polity Press.

» Clevé, Bastian (2000): Wege zum Geld. Film-, Fernseh- und Multimedia-Finanzierung. 4. überarbeitete Auflage. Gerlingen: Bleicher Verlag.

» Coy, Wolfgang / Grassmuck, Volker (Hrsg.) (2009): Arbeit 2.0. Eine Untersuchung zu urheberrechtlicher Erwerbsarbeit in fünf Schlüsselbranchen. Ein Projekt vom Institut für Informatik der HU Berlin.

» Czech, Christian (2011): Guerilla Marketing. Marburg: Tectum Verlag.

» Danielsen, Claas (2008): Doc Alliance Films. Festivaldokumentarfilme online. In: Haus des Dokumentarfilms (Hrsg.) (2008): DOKVILLE 2008 Dokumentation. Dokumentarfilm 2.0. Gefangen im Netz oder völlig neue Möglichkeiten? Stuttgart. S. 50.

» Dehn, Peter (2011): kino.to austrocknen. In: filmecho I filmwoche. Heft 47 / 2011. S. 8.

» Duvvuri, Stefan (2007): Öffentliche Filmförderung in Deutschland. Versuch einer ökonomischen Erfolgs- und Legitimationsbeurteilung. München: Fischer.

» Ebersbach, Anja/Glaser, Markus / Heigl, Richard (2008): Social Web. Stuttgart/UVK: UTB Verlag.

» Eggers, Dirk (2001): Filmfinanzierung: Grundlagen. Beispiele. 3., vollständig überarbeitete und erweiterte Auflage. Berlin: Erich Schmidt Verlag.

» Eisfeld-Reschke, J. /Wenzlaff, K. (2011a): Crowd Funding Studie 2010/2011. Untersuchung des plattformbasierten Crowdfundings im deutschsprachigen Raum, Juni 2010 bis Mai 2011. Berlin: Institut für Kommunikation in sozialen Medien (ikosom).

» Eisfeld-Reschke, J. /Wenzlaff, K. (Hrsg.) (2011b): Crowd Funding Handbuch. Institut für Kommunikation in sozialen Medien (ikosom).

» Feil, Georg (Hrsg.) (2003): Dokumentarisches Fernsehen. Eine aktuelle Bestandsaufnahme. Konstanz: UVK Verlagsgesellschaft.

» FFF (FilmFernsehFonds) Bayern (2003): Jahresrückblick 2002. München.

» FFF (FilmFernsehFonds) Bayern (2004): Jahresrückblick 2003. München.

» FFF (FilmFernsehFonds) Bayern (2005): Jahresrückblick 2004. München.

» FFF (FilmFernsehFonds) Bayern (2006): Jahresrückblick 2005. München.

» Formatt-Institut (2010): Zehn Jahre Film- und Fernsehproduktion in Deutschland. Eine Langzeitstudie des Formatt-Instituts über die Produktionsjahre 1999 bis 2008. Im Auftrag der Staatskanzlei Nordrhein-Westfalen. Dortmund.

» Frees, Beate/van Eimeren, Birgit (2011): Bewegtbildnutzung im Internet 2011. Mediatheken als Treiber. In: MEDIA PERSPEKTIVEN. Heft 7-8/2011. S. 350-359.

» Frickel, Thomas (2006): Neue Medien, alte Verträge. Zur wirtschaftlichen Lage der Dokumentarfilmbranche. In: Zimmermann, Peter/Hoffmann, Kay (Hrsg.) (2006): Dokumentarfilm im Umbruch. Kino. Fernsehen. Neue Medien. Konstanz: UVK Verlagsgesellschaft. S. 155-162.

» Gassner, Sebastian (2005): Der deutsche Dokumentarfilmmarkt. Eine Untersuchung aus Sicht der Produzenten. Unveröffentlichte Diplomarbeit. Fachhochschule Stuttgart, Hochschule der Medien.

» Gossner, Ernst (2009): Global Warning. The Thaw of War. Filmproduktion und -vertrieb mit Hilfe des Internets. In: Haus des Dokumentarfilms (Hrsg.) (2008): DOKVILLE 2008 Dokumentation. Dokumentarfilm 2.0. Gefangen im Netz oder völlig neue Möglichkeiten? Stuttgart. S. 44-45.

» Grefe, Christiane (1986): Dokumentarfilm in Not. Verschwindet ein Genre aus dem Programm? In: Weiterbildung und Medien. Heft 5/1986. S. 15-36.

» Grözinger, Lisa/Henning, Kerstin (2005): Vom Dokumentarfilm zu hybriden Formaten. Die Auflösung von Genregrenzen im Fernsehen. Diplomarbeit. Fachhochschule Stuttgart, Hochschule der Medien.

» Gumpelmaier, Wolfgang / Noack, Magdalena (2011): Crowdfunding – Eine Mischung aus Sponsoring und Spende In: Haus des Dokumentarfilms (Hrsg.) (2011): DOKVILLE 2011 Dokumentation. Dokumentarfilm der Zukunft. Zukunft des Dokumentarfilms. Stuttgart. S. 38-41.

» Hachmeister, Lutz / Lingemann, Jan (2003): Die Ökonomie des Dokumentarfilms. In: Feil, Georg (Hrsg.) (2003): Dokumentarisches Fernsehen. Eine aktuelle Bestandsaufnahme. Konstanz: UVK Verlagsgesellschaft. S. 18-41.

» Härtensein, Markus (2008): Paneldiskussion „Neue Plattformen im Netz". In: Haus des Dokumentarfilms (Hrsg.) (2008): DOKVILLE 2008 Dokumentation. Dokumentarfilm 2.0. Gefangen im Netz oder völlig neue Möglichkeiten? Stuttgart. S. 52-59.

» Hattendorf, Manfred (1999): Dokumentarfilm und Authentizität. Ästhetik und Pragmatik einer Gattung. 2. Auflage. Konstanz: UVK Verlagsgesellschaft.

» Haus des Dokumentarfilms (Hrsg.) (2005): DOKVILLE 2005 Dokumentation. Stuttgart.

» Haus des Dokumentarfilms (Hrsg.) (2007a): DOKVILLE 2007 Dokumentation. Dokumentarfilm als Ereignis. Kino – Fernsehen. Stuttgart.

» Haus des Dokumentarfilms (2007b): Dokumentarfilm als Ereignis im Kino. Eine Podiumsdiskussion. In: Haus des Dokumentarfilms (Hrsg) (2007): DOKVILLE 2007 Dokumentation. Dokumentarfilm als Ereignis. Kino – Fernsehen. Stuttgart. S. 6-18.

» Haus des Dokumentarfilms (2007c): Dokfestivals und die Flut der Filme. Eine Paneldiskussion. In: Haus des Dokumentarfilms (Hrsg.) (2007): DOKVILLE 2007 Dokumentation. Dokumentarfilm als Ereignis. Kino – Fernsehen. Stuttgart. S. 70-85.

» Haus des Dokumentarfilms (Hrsg.) (2008): DOKVILLE 2008

Dokumentation. Dokumentarfilm 2.0. Gefangen im Netz oder völlig neue Möglichkeiten? Stuttgart.

» Haus des Dokumentarfilms (Hrsg.) (2011): DOKVILLE 2011 Dokumentation. Dokumentarfilm der Zukunft. Zukunft des Dokumentarfilms. Stuttgart.

» Heidsiek, Birgit (1999): Filmfinanzierung via Internet. In: Medien Bulletin. Heft 04 / 1999.

» Heger, Christian (2011): Ausblicke auf das Kino von morgen. In: MEDIA PERSPEKTIVEN. Heft 12 / 2011. S. 608-616.

» Heller, Heinz / Zimmermann, Peter (Hrsg.) (1990): Bilderwelten, Weltbilder. Dokumentarfilm und Fernsehen. Marburg: Hitzeroth Verlag.

» Heller, Heinz (1990): Dokumentarfilm und Fernsehen. Probleme aus medienwissenschaftlicher Sicht und blinde Flecken. In: Heinz, Heller / Zimmermann, Peter (Hrsg.) (1990): Bilderwelten, Weltbilder. Dokumentarfilm und Fernsehen. Marburg: Hitzeroth Verlag. S. 15-22.

» Hermann, Simon (2010): Das große Handbuch der Strategieinstrumente : Werkzeuge für eine erfolgreiche Unternehmensführung. Frankfurt a.M.: Campus.

» HMR International (1998): Dokumentarfilm, Filmkultur und neue Marktverhältnisse. Abschlussbericht der Studie im Auftrag des Ministeriums für Arbeit, Soziales, Stadtentwicklung, Kultur und Sport des Landes Nordrhein-Westfalen. Köln.

» HMR International (2005): Dokumentarische Produktion in Film und Fernsehen. Marktstudie Deutschland. Dokumentarische Produktion in Film und Fernsehen. Köln.

» Hocker, Robert-Merlin (2006): Filmfinanzierung mit Mezzanine Kapital. Grundlagen, Instrumente, Perspektiven. Saarbrücken: VDM Verlag Dr. Müller.

» Hoffmann, Kay (Hrsg.) (1997): Trau- Schau- Wem. Digitalisierung und dokumentarische Form. Konstanz: UVK Verlagsgesellschaft.

» Hoffmann, Kay (2004): Digitaler Vorreiter. Das Konzept der

„European DocuZone". In: film-dienst. Heft 16/2004. S. 17-18.

» Hoffmann, Kay (2005): Dokumentarischer Film und technische Innovation. In: Arbeitsgemeinschaft Dokumentarfilm (Hrsg.) (2005): Die Verteidigung des Realen. 25 Jahre Arbeitsgemeinschaft Dokumentarfilm. Frankfurt am Main: AG DOK. S. 144-154.

» Hohenberger, Eva (Hrsg.) (2006): Bilder des Wirklichen. Texte zur Theorie des Dokumentarfilms. 3. Auflage. Berlin: Verlag Vorwerk 8.

» Hülsmann, Michael/Grapp, Jörn (2009): Strategisches Management für Film- und Fernsehproduktionen. Herausforderungen, Optionen, Kompetenzen. München: Oldenbourg Wissenschaftsverlag.

» Iversen, Fritz (2005): Man sieht nur, wovon man gehört hat. Mundpropaganda und die Kinoauswertung von Independents und anderen Non-Blockbuster Filmen. S. 176-192 in: Hediger, Vinzenz & Vonderau, Patrick (2005): Demnächst in Ihrem Kino : Grundlagen der Filmwerbung und Filmvermarktung. Marburg: Schüren.

» Jacobshagen, Patrick (2008): Filmbusiness. Filme erfolgreich finanzieren, budgetieren und auswerten. Bergkirchen: PPV-Medien.

» Jetschin, Bernd (2012): Kein Filmmangel bis 2013. In: filmecho I Filmwoche. Heft 3/2012. S. 34.

» Ji, Julia (2008): Video on Demand. Virtuelle Videotheken in Deutschland. Hamburg: Diplomica Verlag.

» k.A. (2011): Haftstrafe für Raubkopierer. In: filmecho I filmwoche. Heft 43/2011. S. 6.

» k.A. (2011): Crowdfunding Glossar. In: Startnext (2011): das co:funding handbuch. Dresden: Startnext. S. 27.

» k.A. (2012): GVU zahlte an kino.to-Insider. In: filmecho I filmwoche. Heft 3/2012. S. 3.

» Kaufmann, Lloys (2012): Sell your own damn movie! Hoboken: Taylor and Francis.

» Kaumanns, Ralf/Siegenheim, Veit/Sjurts, Insa (Hrsg.) (2008): Auslaufmodell Fernsehen? Perspektiven des TV in der digitalen

Medienwelt. Wiesbaden: Gabler Verlag.

» Keil, Klaus / Eder, Dieter (2010): Finanzierung von Film- und Fernsehwerken. Berlin: VISTAS.

» Klein, Julia (2004): Dokumentarfilm in Österreich. Standorte, Firmen, Finanzierung und Märkte. Unveröffentlichte Diplomarbeit der Wirtschaftsuniversität Wien.

» Knoben, Martina (2011): So geht es nicht weiter. In: Süddeutsche Zeitung. 24.Oktober 2011.

» KPMG (2010): Filmförderung in Deutschland und der EU 2010/2011. Förderarten und -institutionen auf einen Blick.

» Kreßner, Tino (2011): Entwicklung von Crowdfunding zur Finanzierung von kreativen Projekten. In: Startnext (2011): das co:funding handbuch. Dresden: Startnext. S. 4.

» Kreuzer, Hannes (2009): Digitale Film Distribution. Magisterarbeit. Universität Wien.

» Langer, Jörg (2010a): Das Verkaufsgeschäft auf und mit Messen und Märkten. In: Arbeitsgemeinschaft Dokumentarfilm / German Films (Hrsg.) (2010): Wegweiser Weltvertrieb. Frankfurt am Main: AG DOK. S. 32-39.

» Langer, Jörg (2010b): Entwicklung der Sendeplätze von europäischen TV-Sendern. Dokumentarfilm, Geschichts- und Wissenschafts-Slots. In: Arbeitsgemeinschaft Dokumentarfilm / German Films (Hrsg.) (2010): Wegweiser Weltvertrieb. Frankfurt am Main: AG DOK. S. 52-53.

» Langer, Jörg (2011a): Wieviel zahlt das ZDF? Umfrage zur Finanzierungsquote von ZDF, ARTE und 3SAT. In: Arbeitsgemeinschaft Dokumentarfilm (2011a): AG DOK Mitglieder-Info 09 / 2011. Frankfurt am Main: AG DOK. S. 8-9.

» Langer, Jörg (2011b): Crowd Funding. Ein Annäherungsversuch. In: Arbeitsgemein-schaft Dokumentarfilm (2011a): AG DOK Mitglieder-Info 09 / 2011. Frankfurt am Main: AG DOK. S. 17-22.

» Langer, Jörg/Jensen, Björn (2011): Sunny Side of the Doc, La Rochelle. In: Arbeitsgemeinschaft Dokumentarfilm (Hrsg.) (2011):

AG DOK Mitglieder-Info 09/2011. Frankfurt am Main: AG DOK. S. 22-24.

» Lindenmuth, Kevin J. (2011): Dokumentarfilm-Produktion. Konzept, Dreharbeiten, Vertrieb. München: Stiebner.

» Lingemann, Jan/Hachmeister, Lutz (2005): HMR-Studie. „Dokumentarische Produktion in Film und Fernsehen. Marktstudie Deutschland". In: Haus des Dokumentarfilms (Hrsg.) (2005): DOKVILLE 2005. Dokumentation. Stuttgart. S. 22-25.

» Lingemann, Jan (2006): Abenteuer Realität. Der deutsche Markt für dokumentarische Filme. In: Zimmermann, Peter/Hoffmann, Kay (Hrsg.) (2006): Dokumentarfilm im Umbruch. Kino. Fernsehen. Neue Medien. Konstanz: UVK Verlagsgesellschaft. S. 35-56.

» Ludes, Peter/Schumacher, Heidemarie/Zimmermann, Peter (1994a): Vorwort. In: Ludes, Peter/Schumacher, Heidemarie/ Zimmermann, Peter (Hrsg.) (1994): Informations- und Dokumentarsendungen. Band 3, Geschichte des Fernsehens in der Bundesrepublik Deutschland. München: Wilhelm Fink Verlag. S. 11-16.

» Ludes, Peter/Schumacher, Heidemarie/Zimmermann, Peter (Hrsg.) (1994b): Informations- und Dokumentarsendungen. Band 3, Geschichte des Fernsehens in der Bundesrepublik Deutschland. München: Wilhelm Fink Verlag.

» Ludwig, Bastian (2010): Dokumentarfilme als Kinoerfolge. Wie deutsche Produktionen gegenwärtig an den Kinokassen funktionieren. In: Heller, Heinz B./Krewani, Angela/Prümm, Karl (Hrsg.) (1994): Augenblick. Marburger Hefte zur Medienwissenschaft. Ausgabe 47: Bewegungen im neuesten deutschen Film. Institut für Medienwissenschaften der Philipps-Universität Marburg. S. 78-111.

» Minhoff, Christoph (2007): Zehn Jahre PHOENIX. In: ZDF Jahrbuch 2007.

» Mikelskis, Mirko (2006): Möglichkeiten deutscher Dokumentarfilm-Produzenten im Zuge der Entwicklung des „Digitalen Films". Unveröffentlichte Diplomarbeit der Hochschule für Film und

Fernsehen „Konrad Wolf", Potsdam-Babelsberg.

» Monaco, James / Bock, Hans-Michael (2011): Film verstehen. Das Lexikon. Reinbek bei Hamburg: Rowohlt Taschenbuch Verlag.

» NPA Conseil (2007): Video-on-Demand in Europa. Eine Studie. Strasbourg: Europäische Audiovisuelle Informationsstelle.

» Oehler, Julia (2006): Wirtschaftliche Rahmenbedingungen der Dokumentarfilmproduktion in Deutschland. Eine Untersuchung unter Einbeziehung von Kostenstrukturen und dem Wandel in der Medienlandschaft. Unveröffentlichte Bachelorarbeit der FH Mittweida, Fachbereich Medien.

» Otto, Philipp (2009): Branchenportrait Film. In: Coy, Wolfgang / Grassmuck, Volker (Hrsg.) (2009): Arbeit 2.0. Eine Untersuchung zu urheberrechtlicher Erwerbsarbeit in fünf Schlüsselbranchen. Ein Projekt vom Institut für Informatik der HU Berlin. S. 16-42.

» ProSiebenSat.1 Media AG (2012): Geschäftsbericht 2011. http://www.prosiebensat1.de/media/3451608/dt_p7s1_gb_2011. pdf; letzter Zugriff 04.03.2012.

» Rabiger, Michael (2004): Directing the documentary. 4. Auflage. Amsterdam: Focal Press.

» Remler, Daniel (2010): Video on Demand als Fernsehen der Zukunft. Oder warum das klassische Fernsehen ein Auslaufmodell ist. Saarbrücken: VDM Verlag Dr. Müller.

» Schadt, Thomas (2002): Das Gefühl des Augenblicks. Zur Dramaturgie des Dokumentarfilms. Bergisch-Gladbach: Bastei Lübbe.

» Schadt, Thomas (2012): Das Gefühl des Augenblicks. Zur Dramaturgie des Dokumentarfilms. 3. überarbeitete Auflage. Konstanz: UVK Verlagsgesellschaft.

» Schwenke, Thomas (2012): Social Media Marketing & Recht. Köln: O'Reilly Verlag.

» Smith, Paul & Zook, Ze (2011): Marketing communications : integrating offline and online with social media. London: Kogan Page.

» Spaich, Herbert (2006): Wie der Dokumentarfilm ins Kino kommt...

Eine Spurensuche. In: Zimmermann, Peter/Hoffmann, Kay (Hrsg.) (2006): Dokumentarfilm im Umbruch. Kino. Fernsehen. Neue Medien. Konstanz: UVK Verlagsgesellschaft. S. 181-193.

» Spitzenorganisation der Filmwirtschaft (SPIO) (2011): Filmstatistisches Jahrbuch 2010. Baden-Baden: Nomos Verlagsgesellschaft.

» Stanjek, Klaus (2006): Dokumentarkino. Eine kleine Geschichte der Zuschauervorlieben. In: Zimmermann, Peter/Hoffmann, Kay (Hrsg.) (2006): Dokumentarfilm im Umbruch. Kino. Fernsehen. Neue Medien. Konstanz: UVK Verlagsgesellschaft. S. 165-180.

» Stanjek, Klaus/Londershausen, Anne (2007): Der Dokuboom im Kino. Faktoren und Phänomene. In: Haus des Dokumentarfilms (Hrsg.) 2007): DOKVILLE 2007 Dokumentation. Dokumentarfilm als Ereignis. Kino – Fernsehen. Stuttgart. S. 20-29.

» Startnext.de (2011): das co:funding handbuch. Dresden: Startnext.

» Storm, Sebastian (2000): Strukturen der Filmfinanzierung in Deutschland. Potsdam: Verlag für Berlin-Brandenburg.

» Teissl, Verena/Kull, Volker (2006): Poeten, Chronisten, Rebellen. Internationale

» DokumentarfilmemacherInnen im Portrait. Marburg: Schüren Verlag.

» Theil, Anna (2011): Co-Finanzierungsmodelle zwischen privater und öffentlicher Förderung. In: Startnext (Hrsg.) (2011): das co:funding handbuch. Dresden: Startnext. S. 17.

» Theil, Anna (2011): Crowdfunding – Kulturfinanzierung online? In: Eisfeld-Reschke, J./Wenzlaff, K. (Hrsg.) (2011): Crowd Funding Handbuch. Institut für Kommunikation in sozialen Medien (ikosom). S. 6.

» Turecek, Oliver/Bärner, Helmut/Roters, Gunnar (2010): Videomarkt und Videonutzung 2009. Videobranche übersteht Finanzkrise bisher unbeschadet. In: MEDIA PERSPEKTIVEN. Heft 6/2010. S. 316-325.

» Turecek, Oliver/Roters, Gunnar (2011): Videomarkt und Videonutzung 2010. Wirtschaftlich stabile Lage der deutschen Videobranche.

In: MEDIA PERSPEKTIVEN. Heft 6/2011. S. 311-320.

» Vicente, Ana (2008): Documentary Viewing Platforms. In: Austin, Thomas/de Jong, Wilma (Hrsg.) (2008): Rethinking Documentary. New Pespectives, New Practices. Berkshire: Open University Press. S. 271-277.

» Weinberg, Tamar (2012): Social Media Marketing. Strategien für Twitter, Facebook & Co. 3. Auflage. Köln: O´Reilly Verlag.

» Wendling, Eckhard (2012) Recoup! Filmfinanzierung- Filmverwertung. Grundlagen und Beispiele. S. 183-200.

» Wenzlaff, K./Ebenhan, Marie (2011): Crowd Funding Studie 2010/2011. Untersuchung des plattformbasierten Crowdfundings im deutschsprachigen Raum, Juni 2010 bis Mai 2011. Basisstudie, erweitert um Filmdaten bis einschließlich 31.8.2011. Berlin: Institut für Kommunikation in sozialen Medien (ikosom). (Unveröffentlichtes Datenmaterial)

» Wesnigk, Cay C. (2006): Von Kino und Fernsehen zum Internet? In: Zimmermann, Peter/Hoffmann, Kay (Hrsg.) (2006): Dokumentarfilm im Umbruch. Kino. Fernsehen. Neue Medien. Konstanz: UVK Verlagsgesellschaft. S. 235-246.

» Wesnigk, Cay C. (2008): Doku-Marktplatz. Selbstvermarktung im Internet. In: Haus des Dokumentarfilms (Hrsg.) (2008): DOKVILLE 2008 Dokumentation. Dokumentarfilm 2.0. Gefangen im Netz oder völlig neue Möglichkeiten? Stuttgart. S. 48.

» Wesnigk, Cay C. (2010a): Haben oder Nichthaben. Über das Geschäft mit den Internet-Rechten. In: Arbeitsgemeinschaft Dokumentarfilm/German Films (Hrsg.) (2010): Wegweiser Weltvertrieb. Frankfurt am Main: AG DOK. S. 59-64.

» Wesnigk, Cay C. (2010b): OnlineFILM AG. Was war – was ist – was wird? In: Arbeitsgemeinschaft Dokumentarfilm (Hrsg.) (2010): Die Verteidigung des Realen. 25 Jahre Arbeitsgemeinschaft Dokumentarfilm. Frankfurt am Main: AG DOK. S. 166-177.

» Wessendorff, Moritz (2006): Filmfinanzierung in Deutschland. Maßnahmen zur Strukturverbesserung der deutschen

Filmproduktionswirtschaft. Saarbrücken: VDM Verlag Dr. Müller.

» Winston, Brian (1997): Die Digitalisierung und das Dokumentarische. In: Hoffmann, Kay (Hrsg.) (1997): Trau-Schau-Wem. Digitalisierung und dokumentarische Form. Konstanz: UVK Verlagsgesellschaft. S. 47-57.

» Wolf, Fritz (2003): Alles Doku – oder was? Über die Ausdifferenzierung des Dokumentarischen im Fernsehen. Düsseldorf: Landesanstalt für Medien Nordrhein-Westfalen (LfM).

» Wolf, Fritz (2005b): Trends und Perspektiven für die dokumentarische Form im Fernsehen. Eine Fortschreibung der Studie „Alles
Doku – oder was?" Über die Ausdifferenzierung des Dokumentarischen im Fernsehen. In: Haus des Dokumentarfilms (Hrsg.)
(2005): DOKVILLE 2005 Dokumentation. Stuttgart. S. 16-21.

» Wolf, Fritz (2008): Von Schemabegradigungen, dem plötzlichen
Verschwinden der Dokusoap und dem rätselhaften Montag der
ARD. Eine Einführung in das dokumentarische Fernsehen in
Deutschland. In: Arbeitsgemeinschaft Dokumentarfilm (Hrsg.)
(2008): Dokumentarische Sendeplätze im deutschen Fernsehen.
Frankfurt am Main: AG DOK.

» ZeLIG (2011): European Social Documentary. Across the media
to improve the world. Bozen: ZeLIG.

» Zimmermann, Peter (1994): Geschichte von Dokumentarfilm und
Reportage von der Adenauer-Ära bis zur Gegenwart. In: Ludes,
Peter/Schumacher, Heidemarie/Zimmermann, Peter (Hrsg.) (1994):
Informations- und Dokumentarsendungen. Band 3, Geschichte
des Fernsehens in der Bundesrepublik Deutschland. München:
Wilhelm Fink Verlag. S. 213-324.

» Zimmermann, Peter (2005): Vom Autoren-Dokumentarfilm zum
Format-Fernsehen von heute. In: Arbeitsgemeinschaft Dokumen-
tarfilm (Hrsg.) (2005): Die Verteidigung des Realen. 25 Jahre
Arbeitsgemeinschaft Dokumentarfilm. Frankfurt am Main: AG
DOK. S. 40-53.

» Zimmermann, Peter/Hoffmann, Kay (Hrsg.) (2006): Dokumentarfilm im Umbruch. Kino. Fernsehen. Neue Medien. Konstanz: Kino. Fernsehen. Neue Medien. Konstanz: UVK Verlagsgesellschaft.

Internetquellen

» Arbeitsgemeinschaft Dokumentarfilm (k.A.): Webvisitenkarte. C. Cay Wesnigk Filmproduktion. http://www.agdok.de/de_DE/ address_detail/46830/description; letzter Zugriff 03.01.2012.

» ArtistAndAudience (2011): Crowdfunding und Filmförderung? Ja, aber nicht für jeden Film! http://artistandaudience.net/2011/11/15/ crowdfunding-und-filmforderung/; letzter Zugriff 19.04.2012.

» ARD/ZDF-Onlinestudie (2011) : Entwicklung der Onlinenutzung in Deutschland 1997 bis 2011. http://www.ard-zdf-onlinestudie.de/ index.php?id=onlinenutzung-mio00; letzter Zugriff 13.04.2012.

» Backen, Inga (2008): Theorie und Praxis des Kinofilmmarketing. Professionelles Marketing durch Produktions- und Verleihunternehmen. Dissertation der Freien Universität Berlin. http://www. diss.fu-berlin.de/diss/servlets/MCRFileNodeServlet/FUDISS_derivate_000000005263/01_Backen.pdf; letzter Zugriff 19.04.2012.

» Barth, Philipp (k.A.): Definition Webdoku. http://webdoku.de/ uber-webdokus; letzter Zugriff 15.02.2012.

» Bartelt, Denis (2011): Startnext ist gemeinnützig und streicht die Provision! http://www.startnext.de/Blog/Blog-Detailseite/b/ Startnext-ist-gemeinnuetzig-und-streicht-die-Provis-252; letzter Zugriff 16.03.2012.

» Baumann, Anja (2009): „Product-Placement" im Dokumentarfilm. https://www.xing.com/net/sponsoring/sponsoringplattform-607/ product-placement-im-dokumentarfilm-17710328/; letzter Zugriff 17.02.12.

» Bennett, Jordan (2013): How Social Media Can Create Paranormal Box-Office Success. Blogeintrag auf projectquinn.com. Online unter: http://projectquinn.com/how-social-media-can-create-paranormal-box-office-success/; letzter Zugriff: 23.09.2013.

» Beretta, Astrid (2012): Streaming service overtakes DVD at

Lovefilm for the first time. http://corporate.blog.lovefilm.
com/a-press-releases/streaming-service-overtakes-dvd-at-love-
film-for-the-first-time.html#more-1451; letzter Zugriff 03.04.2011.

» BITKOM (2012): Soziale Netzwerke. Internetnutzer verbringen die
meiste Zeit in Sozialen Netzwerken. Studie auf bitkom.org. Online
unter: http://www.bitkom.org/de/themen/36444_71209.aspx;
letzter Zugriff: 23.09.2013.

» Böhm, Frauke (2000): Zeitkritischer Dokumentarfilm im Span-
nungsfeld zwischen Fernsehjournalismus: Roman Brodmann.
Dissertation der Phillips-Universität Marburg. http://archiv.ub.
uni-marburg.de/diss/z2001/0064/pdf/dfb.pdf; letzter Zugriff
19.04.2012.

» BRITDOC (2011): Funding for 'Energy Security' documentary
available. http://britdoc.org/news?page=2; letzter Zugriff
28.12.2011.

» BRITDOC (k.A.): PUMA.Creative Catalyst Award. http://puma.
britdoc.org/pages/683/view; letzter Zugriff: 28.12.2011.

» Büsser, Martin (2008): Verloren im Land der Keinohrhasen. Was
der hiesige DVD-Markt über die Filmkultur in Deutschland
aussagt. In: Jungle World, Nr. 47. 20. November 2008. http://
jungle-world.com/artikel/2008/47/30468.html; letzter Zugriff
19.04.2012.

» Bulkley, Kate (2012); Is crowd-funding the future for documentaries? http://www.guardian.co.uk/sheffield-doc-fest/funding-mo-
dels-for-film-making; letzter Zugriff 11.03.2012.

» Bundesministerium für Unterricht, Kunst und Kultur in Österreich
(k.A.): Informationsblatt Filmfestivals (FAZ). http://www.bmukk.gv.
at/medienpool/15061/ib_filmfestivals.pdf; letzter Zugriff 12.02.12.

» BVB (2013): Borussia Dortmund unterstützt Film-Projekt über
Gründer Franz Jacobi. http://www2.bvb.de/?%87%ECZ%1B%E7%
F4%9C%5Ci%E6%84%95; letzter Zugriff: 27.09.2014.

» Cormode, Graham/Krishnamurthy, Balachander (2008): Key
Differences between Web 1.0 and Web 2.0 In: First Monday, Bd.

13, Nr. 6. http://www.uic.edu/htbin/cgiwrap/bin/ojs/index.php/fm/article/view/2125/1972; letzter Zugriff 20.04.2012.

» Danielsen, Claas (2009): Eröffnungsrede von Claas Danielsen zu DOK Leipzig. http://www.doccollection.de/blog/wasser-auf-unsere-muhlen/eroffnungsrede-von-claas-danielsen-zu-dok-leipzig; letzter Zugriff: 28.03.2012.

» DeineStadtKlebt.de (2013): Werbeaufkleber drucken lassen. Angebot auf deinestadtklebt.de. Online unter: http://www.deinestadtklebt.de/werbeaufkleber; letzter Zugriff: 18.09.2013.

» Deutschlandradio Kultur - Wortwechsel (2012): Dokumentarfilm adé. Fernseh-Alltag zwischen Doku-Soap und Doku-Drama. Eine Podiumsdiskussion mit Susanne Burg, Andres Veiel, Annekatrin Hendel, Kristian Kähler, Martina Zöllner. Podcast zur Sendung: http://ondemand-mp3.dradio.de/file/dradio/2012/02/10/drk_20120210_1907_ea211170.mp3; letzter Zugriff: 01.04.2011.

» Die Filmagentur (o.J.): Film als Marke. Informationen auf diefilmagentur.de. Online unter: http://www.diefilmagentur.de/film-20.html; letzter Zugriff: 12.10.2013.

» Digitale Leinwand (2012): Operation Rührung- geniales Ambientmarketing für TITANIC 3D. Blogartikel auf digitaleleinwand.de. Online unter: http://www.digitaleleinwand.de/2012/04/05/operation-ruehrung-geniales-ambientmarketing-fuer-titanic-3d/; letzter Zugriff: 27.09.2013.

» Dubini, Fosco (2007): Die DVD. Ein neues Medium? Acht Jahre später. Vortrag innerhalb des Workshops: DVD, VOD, PODCAST & CO. Die digitale Auswertung von Dokumentarfilmen. Was bleibt? Was kommt? Eine Zwischenbilanz. 6./7. September 2007 in Köln, Filmforum NRW (Kino im Museum Ludwig). http://www.dokumentarfilminitiative.de/index.php?view=article&id=141&option=com_content&Itemid=122; letzter Zugriff 19.12.2011.

» Doc Alliance (k.A.): Doc Alliance. Neue Chancen für abendfüllende Dokumentarfilme. http://dafilms.com/section/about-alliance; letzter Zugriff 02.03.2012.

» DOK Leipzig (2011a): Doc Alliance. Filme auf Zeit.de. http://www. dok-leipzig.de/projekte/projekte-news?start:int=14; letzter Zugriff 14.01.2012.

» DOK Leipzig (2011b): Newsletter # 3, Juni 2011. http://www. dok-leipzig.de/dok/newsletter/2011/content_item_994151/DOK_ Leipzig_NL_3_dt.pdf; letzter Zugriff 17.09.11.

» Dokumentarfilm Initiative (dfi) (2011): Dokus online. http://www. dokumentarfilminitiative.de/index.php?option=com_content&vie w=article&id=156&Itemid=8; letzter Zugriff 29.11.2011.

» Eichstädt, Sven (2000): Die Zukunft des Dokumentarfilms liegt im Internet. http://www.heise.de/newsticker/meldung/Die-Zukunft-des-Dokumentarfilms-liegt-im-Internet-31744.html; letzter Zugriff 20.10.2011.

» fechnerMEDIA (k.A.) : Hauptsponsor. http://www.energyautono-my.org/index.php?article_id=424&clang=0; letzter Zugriff 17.02.12.

» Filmatorium (k.A.): Deckname Dennis. http://www.filmatorium. com/deckname-dennis; letzter Zugriff 29.01.12.

» FFA Filmförderanstalt (2001): FFA Intern. Heft 1/2001. http://ffa. de/start/download.php?file=publikationen/ffa_intern/ffa_in-tern_0101.pdf; letzter Zugriff 19.04.2012.

» FFA Filmförderanstalt (2002): FFA Info. Heft 1/2002. http://ffa.de/ start/download.php?file=publikationen/ffa_intern/FFA_info_0102. pdf; letzter Zugriff 19.04.2012.

» FFA Filmförderanstalt (2003): FFA Info. Heft 1/2003. http://ffa.de/ start/download.php?file=publikationen/ffa_intern/FFA_01_2003. pdf; letzter Zugriff 19.04.2012.

» FFA Filmförderanstalt (2004): FFA Info. Heft 1/2004. http://ffa.de/ start/download.php?file=publikationen/ffa_intern/FFA_ info_1_2004.pdf; letzter Zugriff 19.04.2012.

» FFA Filmförderanstalt (2005): FFA Info. Heft 1/2005. http://ffa.de/ start/download.php?file=publikationen/ffa_intern/FFA_ info_1_2005.pdf; letzter Zugriff 19.04.2012.

» FFA Filmförderanstalt (2006): FFA Info. Heft 1/2006. http://ffa.de/start/download.php?file=publikationen/ffa_intern/FFA_info_1_2006.pdf; letzter Zugriff 19.04.2012.

» FFA Filmförderanstalt (2007): FFA Info. Heft 1/2007. http://ffa.de/start/download.php?file=publikationen/ffa_intern/FFA_info_1_2007.pdf; letzter Zugriff 19.04.2012.

» FFA Filmförderanstalt (2008): FFA Info. Heft 1/2008. http://ffa.de/start/download.php?file=publikationen/ffa_intern/FFA_info_1_2008.pdf; letzter Zugriff 19.04.2012.

» FFA Filmförderanstalt (2009): FFA Info. Heft 1/2009. http://ffa.de/start/download.php?file=publikationen/ffa_intern/FFA_info_1_2009.pdf; letzter Zugriff 19.04.2012.

» FFA Filmförderanstalt (2010a): Der „deutsche Film" unter der Lupe. Akzeptanz. Image. Stärken und Schwächen. Präsentation der Ergebnisse der Imagestudie deutscher Film 2009. 2. Welle durchgeführt von der GfK im Auftrag der FFA. April 2010. http://www.ffa.de/downloads/publikationen/Imagestudie_Dt_Film_Publikation_21042010.pdf; letzter Zugriff 19.04.2012.

» FFA Filmförderanstalt (2010b): FFA Info. Heft 1/2010. http://ffa.de/start/download.php?file=publikationen/ffa_intern/FFA_info_1_2010.pdf; letzter Zugriff 19.04.2012.

» FFA Filmförderanstalt (Hrsg.) (2010c): Geschäftsbericht 2010. http://www.ffa.de/downloads/publikationen/GB_FFA_2010.pdf; letzter Zugriff 19.09.2011.

» FFA Filmförderanstalt (2011): FFA Info. Heft 1/2011. http://ffa.de/start/download.php?file=publikationen/ffa_intern/FFA_info_1_2011.pdf; letzter Zugriff 18.11.2011.

» FFA Filmförderanstalt (2012a): FFA Info. Heft 1/2012. http://ffa.de/start/download.php?file=publikationen/ffa_intern/FFA_info_1_2012.pdf; letzter Zugriff 21.03.2012.

» FFA Filmförderanstalt (2012b): Fragen und Antworten zur Förderung von Filmproduktionen. http://www.ffa.de/start/download.php?file=FAQ/FFA-FAQ-Film_Projekt.pdf; letzter

Zugriff: 24.01.2012.

» FFA Filmförderanstalt (2013): Filmgenres 2010 bis 2011. Statistik auf ffa.de. http://www.ffa.de/downloads/publikationen/Filmgenres_2010-2011.pdf; letzter Zugriff: 19.09.2013.

» FFA Filmförderungsanstalt (Hrsg.) (2014): Geschäftsbericht 2013. http://www.ffa.de/downloads/publikationen/GB_FFA_2013.pdf (letzter Zugriff: 08.05.2015)

» FFF (FilmFernsehFonds) Bayern (2007): Jahresrückblick 2006. München. http://www.fff-bayern.de/uploads/tx_userpublikationen/FFF_Jahresbericht_2006.pdf; letzter Zugriff 01.02.2012.

» FFF (FilmFernsehFonds) Bayern (2008): Jahresrückblick 2007. München. http://www.fff-bayern.de/uploads/tx_userpublikationen/Jahresbericht2007_FFFBayern.pdf; letzter Zugriff 01.02.2012.

» FFF (FilmFernsehFonds) Bayern (2009): Jahresrückblick 2008. München. http://www.fff-bayern.de/uploads/tx_userpublikationen/FFF_Jahresbericht_2008.pdf; letzter Zugriff 01.02.2012.

» FFF (FilmFernsehFonds) Bayern (2010): Jahresrückblick 2009. München. http://www.fff-bayern.de/uploads/tx_userpublikationen/FFF_Bayern_Jahresbericht_2009_pdf_Internet.pdf; letzter Zugriff 01.02.2012.

» FFF (FilmFernsehFonds) Bayern (2011): Jahresrückblick 2010. München. http://www.fff-bayern.de/uploads/tx_userpublikationen/FFF_Bayern_Jahresbericht_2010_pdf_Internet.pdf; letzter Zugriff 01.02.2012.

» Frickel, Thomas (2011): Sie pressen den Film in ihr Format. In: Frankfurter Allgemeine Zeitung. 15.2.2011. http://www.faz.net/aktuell/feuilleton/medien/2.1756/deutsches-kino-sie-pressen-den-film-in-ihr-format-1593034.html; letzter Zugriff 14.02.2012.

» Für-Gründer.de (2012): Crowd funding-Monitor 2011. Crowd funding in Deutschland. Entwicklungen und Trends (Stand: 31. Dezember 2011). http://www.fuer-gruender.de/fileadmin/mediapool/Unsere_Studien/Crowd_funding_2011/Crowd_funding-Monitor_2011.pdf; letzter Zugriff: 12.02.2012, S.6.

» Fuer-Gründer.de (2013): Crowd funding-Monitor 2013. Crowdfunding in Deutschland. Entwicklungen und Trends (Stand: 31. Dezember 2013). http://www.fuer-gruender.de/fileadmin/ mediapool/Unsere_Studien/Crowd_funding_2013/Crowdfunding-Monitor_2013_F%C3%BCr-Gr%C3%BCnder.de.pdf; letzter Zugriff: 16.06.2014.

» Fuer-Gründer.de (2014): Crowd funding-Monitor H1 2014. Crowdfunding in Deutschland. Entwicklungen und Trends (Stand: 30. Juni 2014). http://www.fuer-gruender.de/fileadmin/mediapool/ Unsere_Studien/Crowdfunding-Monitor_ H1_2014_F%C3%BCr-Gr%C3%BCnder.de.pdf; letzter Zugriff: 29.09.2014, S. 1-22.

» Gebrueder Beetz (2013): Profil auf gebrueder-beetz.de. Online unter: http://www.gebrueder-beetz.de/firma; letzter Zugriff: 19.09.2013.

» Gerle, Jörg (2007): Dokumentarfilm auf DVD. (Vertriebs)Chancen und Sackgassen. Ein Markt-Überblick. Vortrag innerhalb des Workshops: DVD, VOD, PODCAST & CO. Die digitale Auswertung von Dokumentarfilmen. Was bleibt? Was kommt? Eine Zwischenbilanz. 6./7. September 2007 in Köln, Filmforum NRW (Kino im Museum Ludwig). http://www.dokumentarfilminitiative. de/index.php?view=article&id=140&option=com_ content&Itemid=122; letzter Zugriff: 08.12.2011.

» Goldstein, Gregg (2012): Kickstarter stretches Sundancers' budgets. http://www.variety.com/article/VR1118048589; letzter Zugriff: 12.03.2012.

» Gugel, Bertram (2009): Das Ende des Distributionsmonopols des Fernsehens? Einflüsse der Konvergenz der Desintegration von Medium und Inhalt und eines veränderten Konsumentenverhaltens auf die audiovisuellen Medienunternehmen. Magisterarbeit an der Universität Leipzig, Institut für Kommunikations- und Medienwissenschaft. http://www.gugelproductions.de/blog/ wp-content/uploads/2009/05/ gugel_das_ende_des_distributionsmonopols.pdf; letzter Zugriff: 12.01.2012.

» Gumpelmaier, Wolfgang (2011): Crowdfunding im Dokumentarfilmbereich. Präsentation zum Referat im Rahmen des DOKVILLE
2011 in Ludwigsburg. http://www.slideshare.net/gumpelmaier/
crowdfunding-im-dokumentarfilmbereich; letzter Zugriff:
09.03.2012.

» Hamburg Kreativ Gesellschaft: http://kreativgesellschaft.org/de/
veranstaltungen/2014/gewinner-screening-crowd-for-shorts;
letzter Zugriff: 25.09.2014.

» Hampp, Andrew (2009): How 'Paranormal Activity' Hit It Big.
Artikel auf adage.com. Online unter: http://adage.com/article/
madisonvine-news/low-budget-movie-marketing-paranormal-
activity/139588/; letzter Zugriff: 19.09.2013.

» Hartmann, Steffen (2011): Crowdfunding in Deutschland. http://
www.crowdfunding-deutschland.de/post/5357629520/crowdfun-
ding; letzter Zugriff 30.11.2011.

» Heyn, Nina (2006): Marketing für Dokumentarfilme. Marketing-
Management im Herstellungsprozess von Kino-Dokumentarfil-
men. Diplomarbeit auf opus.kobv.de/hff/. Online unter: http://
opus.kobv.de/hff/volltexte/2006/28/pdf/Diplom_Nina_Heyn.pdf;
letzter Zugriff: 23.09.2013.

» HHMI (2011): HHMI Launches Documentary Film Unit to Create
Science Features for Television. http://www.hhmi.org/news/
docfilm20110204.html; letzter Zugriff: 27.12.2011.

» Hoffmann, Kay. (k.A.): Wenn die Kinokasse klingelt - oder nicht.
http://www.dokumentarfilm.info/index.php?option=com_
content&view=article&id=326:wen-die-kinokasse-
klingelt&catid=1:aktuelle-nachrichten&Itemid=50; letzter Zugriff:
19.09.2011.

» Hoffmann, Kay (2011): Buchtipp. Große Bilder mit kleinen
Kameras. http://www.dokumentarfilm.info/index.
php?option=com_content&view=article&id=609:buchtipp-gros-
se-bilder-mit-kleinen-kameras&catid=42:buecherzudvds&Item

id=65; letzter Zugriff: 08.12.2011.

» Ikosom (k.A.): Crowdfunding-Forschung. Unterstützer im Fokus. http://www.ikosom.de/2012/03/08/crowdfunding-forschung-unterstutzer-im-fokus/; letzter Zugriff: 10.03.2012.

» Ikubato (2011): AGB. Allgemeine Geschäftsbedingungen für die Nutzung von Inkubato. http://www.inkubato.com/blog/de/agb/; letzter Zugriff: 09.03.2012.

» ITF Consult im Netz (2013): Ein Vergleich der Plattformen Kickstarter und Indiegogo. http://itfconsult.wordpress.com/2013/10/09/ein-vergleich-der-plattformen-kickstarter-und-indiegogo/; letzter Zugriff: 24.09.2014.

» k.A. (2011): Kulturstaatsminister Bernd Neumann appelliert an ARD und ZDF, mehr für den Dokumentarfilm zu tun. Pressemitteilung 375. http://www.bundesregierung.de/Content/DE/Pressemitteilungen/BPA/2011/10/2011-10-17-neuman-ard-zdf.html; letzter Zugriff: 08.12.2011.

» k.A. (2012): Bayerischer Filmpreis 2012. Andreas Dresen räumt ab. http://www.stern.de/kultur/film/bayerischer-filmpreis-2012-andreas-dresen-raeumt-ab-1776409.html; letzter Zugriff: 08.12.2011.

» Kreßner, Tino (2011): Crowdfunding für Stromberg Kinofilm. http://www.startnext.de/Blog/Blog-Detailseite/b/Crowdfunding-fuer-Stromberg-Kinofilm-Crowdinvestme-317; letzter Zugriff: 16.12.2011.

» Kreuzer, Hannes (2009): Digitale Film Distribution. Funktionsweise und kritische Beleuchtung der Auswirkungen auf die Filmindustrie. Magisterarbeit der Universität Wien. http://www.filmandmusicaustria.at/fileadmin/dateien /Studien/MagisterarbeitAktuell.pdf; letzter Zugriff: 16.12.2011.

» Kreye, Andrian (2011): Youtube-Projekt: „Life in a Day" Verherrlichung des Banalen. http://www.sueddeutsche.de/kultur/youtube-projekt-life-in-a-day-verherrlichung-des-banalen-1.1122852; letzter Zugriff: 20.04.2012.

» Kulturportal Deutschland (2011): BKM. Filmproduktion made in

Germany. http://www.kulturportal-deutschland.de/kp/quartal.htm
l?sparteid=2&jahr=2011&quartal=3#anch4560; letzter Zugriff:
06.02.2012.

» Kultur2Punkt0 (2012): http://www.kultur2punkt0.de/2012/
dresden-druchstarter-dresden-bekommt-eine-eigene-crowdfun-
ding-plattform-1878; letzter Zugriff: 25.09.2014.

» Kuratorium Junger Deutscher Film (k.A.): Über uns. http://www.
kuratorium-junger-film.de/ueber_uns/ueber_uns.html; letzter
Zugriff: 12.01.2012.

» Kuratorium Junger Deutscher Film (2011): Förderrichtlinien des
Kuratoriums Junger Deutscher Film. http://www.kuratorium-jun-
ger-film.de/pdf/Richtlinien_KJDF.pdf; letzter Zugriff: 12.01.2012.

» Lamoth, Andreas (2011): McFit schickt euch zur Klitschko-Premie-
re. http://www.moviepilot.de/news/klitschko-dokumentati-
on-110902; letzter Zugriff: 21.01.12.

» Langer, Jörg (2007): Lizenzverkäufe sind kein gutes Geschäft. Jörg
Langer berichtet von den Mips 2007. http://www.agdok.de/
de_DE/news/47037/archive_detail; letzter Zugriff: 20.11.2011.

» LOVEFiLM (2012a): Dokumentationen. http://www.lovefilm.de/
browse/filme/video-on-demand/dokus/; letzter Zugriff:
18.04.2012.

» LOVEFiLM (2012b): Dokumentarfilme. http://www.lovefilm.de/
browse/filme/video-on-demand/dokus/dokumentarfilme/; letzter
Zugriff: 18.04.2012.

» Ludewig, Anke/Füllgraf, Christian (2007): Video-on-Demand,
Live-Streaming, IPTV und Co. Ein kurzer Überblick über die
sogenannten „Online-Rechte". Vortrag innerhalb des Workshops:
DVD, VOD, PODCAST & CO. Die digitale Auswertung von
Dokumentarfilmen. Was bleibt? Was kommt? Eine Zwischenbilanz.
6./7. September 2007 in Köln, Filmforum NRW (Kino im Museum
Ludwig). http://www.dokumentarfilminitiative.de/index.php?view
=article&id=145&option=com_content&Itemid=122; letzter
Zugriff: 19.04.2012.

» Maskow, Stefanie (2010): Kino-Sonderformen. Ergebnisse der Jahre 2005 bis 2009. Berlin: Filmförderungsanstalt (FFA). http://www.ffa.de/downloads/publikationen/Kino-Sonderformen_2005-2009.pdf; letzter Zugriff: 02.02.2012.

» Maxdome (2012): http://www.maxdome.de/; letzter Zugriff: 18.04.2012.

» McFit (k.A.): „Klitschko" – die Filmpremiere des Jahres http://www.mcfit.com/klitschko-die-filmpremiere-des-jahres.html; letzter Zugriff: 21.01.12.

» MEDIA (k.A.): MEDIA PROGRAMME (2007-2013). Call for Proposals EACEA/06/2011. http://www.mediadesk-deutschland.eu/Download/Das_ist_MEDIA_2007.pdf; letzter Zugriff: 26.01.2012.

» MEDIA (k.A.): Video on demand/Digitales Kino. http://www.mediadesk-deutschland.eu/Distribution/Digitaler_Vertrieb.php; letzter Zugriff: 02.02.2012.

» MEDIA (2011): Digitale Formate sind die Zukunft. Video on Demand http://www.mediadesk.de/artikel-detail.php?id=1092; letzter Zugriff: 20.11.2011.

» MediaBiz, Blickpunkt: Film (2010): Der Oscar-Effekt. Dokus profitieren am wenigsten. http://www.mediabiz.de/film/news/der-oscar-effekt-dokus-profitieren-am-wenigsten/286767; letzter Zugriff: 30.01.2012.

» MediaBiz, VideoMarkt (2004): Umfrage zu Dokumentationen: Längst nicht mehr nur Nischenmarkt. http://www.mediabiz.de/video/news/umfrage-zu-dokumentationen-laengst-nicht-mehr-nur-nischenmarkt/158081; letzter Zugriff: 30.1.2012.

» MediaBiz, VideoMarkt (2010): Dokumentationen: Kein Nischenmarkt. http://www.mediabiz.de/video/news/dokumentationen-kein-nischenmarkt/295887; letzter Zugriff: 30.1.2012.

» MediaBiz, VideoMarkt (2011a): Dokumentationen: Unverzichtbares Nischengeschäft. http://www.mediabiz.de/video/news/dokumentationen-unverzichtbares-nischengeschaeft/309522; letzter Zugriff: 30.01.2012.

» MediaBiz, VideoMarkt (2011b): Weihnachtsschnäppchen bei maxdome. http://www.mediabiz.de/video/news/weihnachtsschnaeppchen-bei-maxdome/313724; letzter Zugriff: 30.01.12.

» MediaBiz, VideoMarkt (2011c): Lovefilms Streamingservice stellt auf Silverlight um. http://www.mediabiz.de/video/news/lovefilms-streamingservice-stellt-auf-silverlight-um/312605; letzter Zugriff: 30.01.12.

» MediaBiz, VideoMarkt (2012a): 30 Jahre Videomarkt im Zeitraffer. http://www.mediabiz.de/video/news/30-jahre-videomarkt-im-zeitraffer/314871; letzter Zugriff: 29.01.2012.

» MediaBiz, VideoMarkt (2012b): USA: Blu-ray-Umsätze nehmen erstmals Zwei-Milliarden-Hürde. http://www.mediabiz.de/video/news/usa-blu-ray-umsaetze-nehmen-erstmals-zwei-milliarden-huerde/314304; letzter Zugriff: 30.01.2012.

» MediaBiz, VideoMarkt (2012c): Lovefilm feiert zwei Mio. Mitglieder und zieht neuen Digitalcontent an Land. http://www.mediabiz.de/video/news/lovefilm-feiert-zwei-mio-mitglieder-und-zieht-neuen-digitalcontent-an-land/314176; letzter Zugriff: 30.01.12.

» Medienboard Berlin-Brandenburg (2011): Tätigkeitsbericht 2010. Potsdam-Babelsberg. http://www.medienboard.de/WebObjects/Medienboard.woa/wa/CMSshow/2607937; letzter Zugriff: 29.11.2011.

» Medienboard Berlin-Brandenburg (2012): Ansprechpartner Filmförderung. http://www.medienboard.de/WebObjects/Medienboard.woa/wa/CMSshow/2607799; letzter Zugriff: 12.03.2012.

» Mitteldeutsche Medienförderung (2012): http://www.mdm-online.de/index.php?id=33; letzter Zugriff: 03.04.2012.

» Musch, J. (1997): Die Geschichte des Netzes: ein historischer Abriss. http://www.uni-duesseldorf.de/home/Fakultaeten/math_nat/WE/Psychologie/abteilungen/ddp/Dokumente/Publications/1997.Musch.Die_Geschichte_des_Netzes.html; letzter Zugriff: 20.04.2012.

» Nörenberg, Britta (2010): Filmgenres 2007 bis 2009. Eine Auswertung zum Genreangebot in deutschen Kinos und zur Genrevielfalt deutscher Filme. Berlin: Filmförderanstalt (FFA). http://www.ffa.de/downloads/publikationen/ Filmgenres_2007-2009.pdf; letzter Zugriff: 02.02.2012.

» Nörenberg, Britta (2011): Auswertung der Top 50-Filmtitel des Jahres 2010 nach soziodemografischen sowie kino- u. filmspezifischen Informationen auf Basis des GfK Panels. Berlin: Filmförderanstalt (FFA). http://www.medianet-bb.d/uploadDir/ File/top_50_filme_2010.pdf; letzter Zugriff: 02.02.2012.

» Pahlke-Grygier, Sabine (2005): Dokumentarfilm in Deutschland. Artikel auf goethe.de. Online unter: http://www.goethe.de/kue/flm/fmg/de964789.htm; letzter Zugriff: 23.09.2013.

» Patalong, Frank (2011): Filmvermarktung online. Verhungern im Long Tail. http://www.spiegel.de/netzwelt/web/0,1518,745031,00. html; letzter Zugriff: 14.02.2011.

» Pfeiffer, Natascha (2012): Social Media bei Filmemachern – No Action!. Blogeintrag auf prandcommunication.com. Online unter: http://www.prandcommunication.com/social-media-film/; letzter Zugriff: 12.09.2013.

» Pling (k.A.): Allgemeine Geschäftsbedingungen. http://www.pling.de/agb; letzter Zugriff: 08.03.2012.

» Promostore (2013): Werbemittel. Baumwolltasche. Angebot auf promostore.de. Online unter: http://www.promostore.de/baumwolltasche-weiss-ca-38-x-42-cm-la.html; letzter Zugriff: 18.09.2013.

» ProSiebenSat.1 Media AG (2012): Geschäftsbericht 2011. http://www.prosiebensat1.de/media/3451608/dt_p7s1_gb_2011.pdf; letzter Zugriff: 04.03.2012.

» Puffer, Hanna (2015): Video-on-Demand:Neue Schubkraft durch Netflix? http://www.media-perspektiven.de/fileadmin/user_upload/media-perspektiven/pdf/2015/01-2015_Puffer.pdf; letzter Zugriff: 24.05.2015.

» Rahayel, Oliver (2006): Filmförderung in Deutschland. http://www. goethe.de/kue/flm/fim/de1394196.htm; letzter Zugriff: 01.02.2011.

» Rebhahn, Nana A. T. (2012): Das Krautfunding treibt Berlinale Blüten. http://www.moviebeta.de/kino/das-krautfunding-treibt-erste-berlinale-bluten; letzter Zugriff: 10.03.2012.

» Reelisor (2011): CrowdfundingPodcast 3. Ronald Vietz. Im Rahmen der Documentary Campus Final Pitching Session 2011. http://www.reelisor.com/p/crowdfundingpodcast_3; letzter Zugriff: 12.01.2012.

» Reiss, Jonathan (2010a): PMD FAQ 1: What is the purpose of having„ a PMD? Blogeintrag auf http://jonreiss.com. Online unter: http://jonreiss.com/2010/09/pmd-faq-1-what-is-the-purpose-of-having-a-pmd/; letzter Zugriff: 22.09.2013.

» Reiss, Jonathan (2010b): PMD FAQ 2: What are the responsibilities of a PMD? Blogeintrag auf http://jonreiss.com. Online unter: http://jonreiss.com/2010/09/pmd-faq-2-what-are-the-responsibilities-of-a-pmd/; letzter Zugriff: 22.09.2013.

» Reiss, Jonathan (2011a): Jon Reiss. Bio. Biographie auf jonreiss. com. Online unter: http://jonreiss.com/bio/; letzter Zugriff: 12.09.2013.

» Reiss, Jonathan (2011b): Selling Your Film Without Selling Your Soul. Online unter: http://www.sellingyourfilm.com/; letzter Zugriff: 12.09.2013.

» Reiss, Jonathan (2012): Top 10 Things Learned in the IFP PMD LAB. Artikel auf ifp.org. Online unter: http://www.ifp.org/resources/top-10-things-learned-in-the-ifp-pmd-lab/; letzter Zugriff: 12.09.2013.

» Reschl, Wilhelm/Schneider, Thomas (2011): Video on Demand. Die Hoffnung der Filmer. http://www.dokumentarfilm.info/index. php?option=com_content&view=article&id=489:video-on-demand-die-hoffnung-der-filmemacher&catid=61:dokville-2011; letzter Zugriff 20.11.11.

» Schneider, Thomas (k.A.): Kaum Kino-Erfolg für Dokumentarfilme.

http://www.dokumentarfilm.info/index.php?option=com_
content&view=article&id=313:kaum-erfolg-fuer-dokumentarfil-
me-im-kino&catid=1:aktuelle-nachrichten&Itemid=50; letzter
Zugriff: 11.10.2011.

» Schneider, Thomas (2009): Videoportale: Docs on demand. http://
www.dokumentarfilm.info/index.php?option=com_content&view
=article&id=48:videoportale-docs-on-
demand&catid=34:hintergruendiges-aus-der-dokumentarfilm-
branche&Itemid=56; letzter Zugriff: 29.11.2011.

» Schnittker, Gregor: Interview. http://www.gregorschnittker.de/
projekte.php; letzter Zugriff: 27.09.2014.

» Startnext (k.A.): Crowdfunding in Deutschland. http://crowdfun-
ding.startnext.de/; letzter Zugriff: 19.04.2012.

» Statista (kostenpflichtige Plattform): Anzahl der aktiven Crowdfunding-Plattformen weltweit von 2010 bis 2012. http://de.statista.
com/statistik/daten/studie/258185/umfrage/anzahl-der-crowdfun-
ding-plattformen-weltweit/, letzter Zugriff: 22.09.2014.

» Strozynski, Sarah (2011): 169 Spender, 26 Fürsprecher, 1 Ziel. Ein
neues Kino in Jenin. http://blogs.taz.de/wirwollenwe-
nig/2011/06/27/169_spender_26_fuersprecher_1_ziel_ein_neu-
es_kino_in_jenin/; letzter Zugriff: 27.06.2011.

» Sueddeutsche (2008): Große Filme? Große Kosten! Artikel auf
sueddeutsche.de. online unter: http://www.sueddeutsche.de/
wirtschaft/hollywood-wird-teuer-grosse-filme-grosse-kos-
ten-1.816441; letzter Zugriff: 12.10.2013.

» Tech, Virgilia (2011): Michael Glawoggers Megacities gratis auf
Zeit Online. http://www.negativ-film.de/2011/12/michael-glawog-
gers-megacities-gratis.html; letzter Zugriff: 15.01.2012.

» t3nMagazin (2013): Crowdfunding-Zweikampf: Kickstarter schlägt
Indiegogo.http://t3n.de/news/crowdfunding-zweikampf-491280/;
letzter Zugriff: 24.09.2014.

» Videoload (2012): TOP 50 Kauftitel. http://www.videoload.
de/c/11/24/42/60/11244260; letzter Zugriff: 22.04.2012.

» Vision Bakery (k.A.): Crowdfunding - lass die Welt von deiner Idee erfahren. http://www.visionbakery.com/crowdfunding-start; letzter Zugriff: 23.09.2014.

» Vollmuth, Hannes (2013): Hoffen auf 20 Zuschauer. Artikel auf sueddeutsche.de. Online unter: http://www.sueddeutsche.de/kultur/dokumentarfilme-im-kino-hoffen-auf-zuschauer-1.1667921; letzter Zugriff: 23.09.2013.

» Wattig, Leander (2012): Liste mit Crowdfunding-Plattformen – wer kennt noch andere? http://leanderwattig.de/index.php/2010/10/22/liste-mit-crowdfunding-plattformen-wer-kennt-noch-andere/; letzter Zugriff 01.04.2012.

» Warner, Ansgar (2011): Krautfunding: Deutschland entdeckt die Dankeschön-Ökonomie. http://www.krautfunding.net/leseprobe/; letzter Zugriff: 19.04.2012.

» Wesnigk. Cay C. (2007): Das Modell der Onlinefilm.org. Das Video-On-Demand-Portal der Filmemacher in greifbarer Nähe. Vortrag innerhalb des Workshops: DVD, VOD, PODCAST & CO. Die digitale Auswertung von Dokumentarfilmen. Was bleibt? Was kommt? Eine Zwischenbilanz. 6./7. September 2007 in Köln, Filmforum NRW (Kino im Museum Ludwig). http://www.dokumentarfilminitiative.de/index.php?view=article&id=144&option=com_content&Itemid=122; letzter Zugriff: 27.06.2011.

» Wikipedia (2012): Filmfestival. http://de.wikipedia.org/wiki/Filmfestival; letzter Zugriff: 02.04.12.

» Wolf, Fritz (2005a): Trends und Perspektiven für die dokumentarische Form im Fernsehen. Eine Fortschreibung der Studie „Alles Doku – oder was. Über die Ausdifferenzierung des Dokumentarischen im Fernsehen." Redemanuskript des Referats im Rahmen des Dokville, 2. Juni 2005, Ludwigsburg. http://mediaculture-online.de/fileadmin/bibliothek/wolf_dokuform/wolf_dokuform.pdf; letzter Zugriff: 03.01.2012.

Informelle Quellen

» Biedermann, Alexander (2014): Schriftliches Interview mit dem Filmemacher Alexander Biedermann am 06.08.2014.

» Brandmair, Markus (2014): Schriftliches Interview mit dem Geschäftsführer der Crowdinvestingplattform CINEDIME Markus Brandmair am 15.06.2014.

» Cyranek, Alina (2014): Schriftliches Interview mit dem Filmemacher Alina Cyranek am 22.07.2014.

» Dinkla, Lina (2012): E-Mail. DAFilms.com.com. 28.02.2012.

» Hoffmann, Kay (2011): Telefonisches Interview mit Kay Hoffmann vom 31.08.2011.

» Krug, Jutta (2012): Telefonisches Interview mit Jutta Krug vom 24.02.2012.

» Langer, Jörg (2011): Persönliches Gespräch mit Jörg Langer am 20.09.2011.

» Liimatainen, Kirsi Marie (2014): Schriftliches Interview mit dem Filmemacher Kirsi Marie Liimatainen am 02.09.2014.

» Mennig, Regina (2014): Schriftliches Interview mit Jenny Hellmann und Regina Mennig am 22.07.2014.

» Schumann, Paula (2014): Schriftliches Interview mit dem Filmemacher Paula Schumann am 14.06.2014.

» Seifried, Enno (2014): Schriftliches Interview mit dem Filmemacher Enno Seifried am 13.09.2014.

» Thierer, Susanne (2012): E-Mail. 09.03.2012.

» Quambusch, Mauricius (2014): Schriftliches Interview mit dem Filmemacher am 16.06.2014.

X3 ENDNOTEN

1   Zitiert nach: Smith / Zook (2011): 9.

2   Vgl.: Coy / Grassmuck (Hrsg.) (2009): 16.

3   Um der Leserschaft eine bessere Lesbarkeit des Textes zu bieten, werden in diesem Buch ausschließlich männliche bzw. neutrale Bezeichnungen verwendet, die selbstverständlich Frauen und Menschen anderer geschlechtlicher Identitäten mit einbeziehen.

4   Danielsen, Claas (2009): Eröffnungsrede von Claas Danielsen zum DOK Leipzig. http://www.doccollection.de/blog/wasser-auf-unsere-muhlen/eroffnungsrede-von-claas-danielsen-zu-dok-leipzig (letzter Zugriff: 28.03.2012).

5   Eine Übersicht der erfolgreichsten Kinodokumentarfilme bietet die halbjährige Veröffentlichung „FFA info – Zahlen aus der Filmwirtschaft" (http://www.ffa.de/; letzter Zugriff: 15.04.2015).

6   Schriftliches Interview mit dem Filmemacher Alexander Biedermann am 06.08.2014.

7   Vgl.: http://www.mediabiz.de/film/news/studie-dokumentarfilmer-arbeiten-fuer-dumping-lohn/325452. Von Langer media consulting für die AG DOK (letzter Zugriff: 15.04.2015).

8   Zur CROWD zählen hier die Zuschauer, die Unterstützer, die Fans, die Multiplikatoren, die Partner, die Freunde, die Familie.

9   Bspw. bietet die FFA inzwischen die digitale Antragsstellung über ihre Website an.

10   „Vor 1960 wurde überwiegend mit schweren 35mm-Kameras gedreht, die bis zu 40 kg wogen und ein nicht wesentlich leichteres Stativ benötigten." Hoffmann (2005): 146.

11   Entgegen dieser Darstellung schreibt Zimmermann, dass bereits 1954 der Kameramann Carsten Diercks das Pilot-Ton-Verfahren beim Fernsehen des NWDR entwickelte. Diese Technik ermöglichte die Verbindung eines tragbaren Tonbandgeräts mit der Handkamera

und wurde fortan genutzt. Vgl.: Zimmermann (1994): 220.

12 Vgl.: Rabiger (2004): 28.

13 Ebd., S. 29.

14 Winston (1997): 56-57.

15 Schadt (2012): 17.

16 Ebd., S. 22.

17 Ebd., S. 21.

18 Ebd., S. 133.

19 Die HMR-Studie 2005 untersucht den Markt für non-fiktionale TV-Produktion in Deutschland und versucht diesen in seinen wesentlichen Aspekten anhand konkreter Zahlen abzubilden. Vgl.: HMR International (2005).HMR international (2005): Marktstudie Deutschland. Dokumentarische Produktion in Film und Fernsehen. Köln.

20 Vgl.: Lingemann / Hachmeister (2005): 23-24.

21 Ebd., S. 24.

22 Vgl.: Binninger / Stanjek (1999): 3.

23 Albers / Fink (2005): 12.

24 Vgl.: AG DOK-Untersuchung zur Finanzierung der dokumentarischen Sendeplätze des ZDF_23.08.11 http://www.agdok.de/download_open.php?id=71283 (letzter Zugriff: 08.05.2014)

25 Vgl.: Ebd.

26 Vgl.: Telefonisches Interview mit Jutta Krug vom 24.02.2012.

27 Die FORMATT-Studie ist eine seit 1998 durchgeführte Langzeitstudie des Dortmunder FORMATT-Instituts, welche anhand von Längsschnittuntersuchungen zum Fernseh- und Kinofilmproduktionsmarkt in Deutschland Strukturen und Trends in der Branche erkennt.

28 Vgl. Formatt-Institut (2010): 142.

29 Ebd.

30 Vgl.: Telefonisches Interview mit Jutta Krug vom 24.02.2012.

31 Langer, Jörg (2007): Lizenzverkäufe sind kein gutes Geschäft. Jörg Langer berichtet von den Mips 2007. http://www.agdok.de/

de_DE/news/47037/archive_detail (letzter Zugriff: 20.11.2011).

32 In einem Telefonat am 23.02.2012 sagte Thomas Frickel, dass „dies früher für Hans-Dieter Grabe und Eberhard Fechner beim ZDF möglich war".

33 Schadt (2012): 131.

34 Vgl.: Keil / Eder (2010): 145.

35 In den meisten Fällen kommt es im Zuge der Filmherstellung zu weitaus höheren Kosten als dem bewilligten Anteil der regionalen Förderung. Die Förderungen koppeln ihre Gelder deshalb oft an die Klausel, dass der Produzent mehr als die bewilligte Summe in der Region ausgeben muss. Somit sind Anteile über 100 Prozent möglich, welche über die Fördersumme hinaus die regionale Filmwirtschaft stärken.

36 Vgl.: FFA Filmförderungsanstalt (2014): FFA Info. Heft 1/2014. http://www.ffa.de/downloads/publikationen/ffa_intern/FFA_info_1_2014.pdf (letzter Zugriff: 16.05.2014)

37 Daten laut FFA, ohne Angaben zu FFF Bayern, zur Film- und Medienstiftung Nordrhein-Westfalen und zur Filmförderung Baden-Württemberg (MFG), welche ihre Daten nicht an die FFA zur Auswertung weitergeben.

38 FFA Info. Heft 1/2014, S. 10-11.

39 http://www.filmbuero-bremen.de/15.0.html (letzter Zugriff: 08.05.2015)

40 http://www.filmbuero-mv.de/documents/filmfoerderung/kff_filmfoerdervereinbarung_2009.pdf (letzter Zugriff: 08.05.2015)

41 Die Anträge der Mitteldeutschen Medienförderung bspw. müssen in 15-facher Ausführung eingereicht werden.

42 HMR international (2005): 24.

43 Vgl.: Keil / Eder (2010): 147.

44 Vgl.: Castendyk (2008): 65-68.

45 Vgl.: FFA Filmförderungsanstalt (Hrsg.) (2014): Geschäftsbericht 2013. http://www.ffa.de/downloads/publikationen/GB_FFA_2013.pdf (letzter Zugriff: 08.05.2015)

46 Vgl.: Castendyk (2008): 72-73.

47 Vgl.: http://www.ffa.de/downloads/publikationen/ffa_intern/
FFA_info_1_2014.pdf (letzter Zugriff: 08.05.2015)

48 http://www.ffa.de/start/content.phtml?page=presse_
detail&news=1130&list=0 (letzter Zugriff: 08.05.2015)

49 Vgl.: http://www.ffa.de/downloads/publikationen/ffa_intern/
FFA_info_1_2014.pdf (letzter Zugriff: 08.05.2015)

50 http://www.bundesregierung.de/Content/DE/Pressemitteilun-
gen/BPA/2014/12/2014-12-16-bkm-foerderung.html (letzter
Zugriff: 08.05.2015)

51 http://www.ffa.de/downloads/dfff/antraege/Kultureller%20
Eigenschaftstest_Dokumentarfilme.pdf, S. 159. (letzter Zugriff:
08.05.2015)

52 Vgl.: http://www.ffa.de/downloads/dfff/dfffinzah-
len/2013-05-16%20DFF%20Flyer_de.pdf (letzter Zugriff:
08.05.2015)

53 Vgl.: http://dfff-ffa.de/dfff-in-zahlen.html (letzter Zugriff:
08.05.2015) letzter

54 „Filmförderung essen Produzenten auf ...", Interview mit Martin
Hagemann in: Black Box Film, 2013

55 Vgl.: Kuratorium Junger Deutscher Film (k.A.): Über uns. http://
www.kuratorium-junger-film.de/ueber_uns/ueber_uns.html
(letzter Zugriff 12.01.2012).

56 Vgl.: Kuratorium Junger Deutscher Film (2011): Förderrichtlinien
des Kuratoriums Junger Deutscher Film. http://www.kuratorium-
junger-film.de/pdf/Richtlinien_KJDF.pdf (letzter Zugriff
12.01.2012).

57 Castendyk (2008): 76.

58 Vgl.: Keil / Eder (2010): 160-162.

59 http://www.mediadeskaustria.eu/Aktuell/
Von+MEDIA+zu+CREATIVE+EUROPE/ (letzter Zugriff:
08.05.2015)

60 Ebd., S. 77.

61   Vgl.: Keil / Eder (2010): 161.

62   Ebd., S. 163.

63   Vgl.: Duvvuri (2007): 84.

64   Vgl.: Keil / Eder (2010): 163; Castendyk (2008): 75-76.

65   Vgl.: Keil / Eder (2010): 79.

66   Vgl.: BRITDOC (2011): Funding for 'Energy Security' documentary available. http://britdoc.org/news?page=2 (letzter Zugriff: 28.12.2011).

67   Vgl.: HHMI (2011): HHMI Launches Documentary Film Unit to Create Science Features for Television. http://www.hhmi.org/news/docfilm20110204.html (letzter Zugriff: 27.12.2011).

68   Vgl.: Ebd.

69   Vgl.: BRITDOC (k. A.): PUMA. Creative Catalyst Award. http://puma.britdoc.org/pages/683/view (letzter Zugriff: 28.12.2011).

70   Vgl.: http://www.britdocimpactaward.org (letzter Zugriff: 16.04.2015).

71   Baumann, Anja (2009): „Product-Placement" im Dokumentarfilm. https://www.xing.com/net/sponsoring/sponsoringplattform-607/product-placement-im-dokumentarfilm-17710328/ (letzter Zugriff: 17.02.2012).

72   Vgl.: fechnerMEDIA (k. A.) : Hauptsponsor. http://www.energyautonomy.org/index.php?article_id=424&clang=0 (letzter Zugriff: 17.02.2012).

73   Vgl.: Ebd.

74   Vgl.: Wikipedia (2012): Filmfestival. http://de.wikipedia.org/wiki/Filmfestival (letzter: Zugriff 02.04.2012).

75   Follows, Stephen: Film Festivals Pt 1: The Truths Behind Film Festivals. http://stephenfollows.com/film-festivals-pt1-the-truths-behind-film-festivals/ (letzter Zugriff: 18.06.2014).

76   Haus des Dokumentarfilms (2007c): 74.

77   Vgl.: Persönliches Gespräch mit Jörg Langer am 20.09.2011.

78   Vgl.: http://www.dok-leipzig.de/dok/press/pressemitteilungen/2014/content_item_902811/PM03_2014_Einreichungen_

DOK_Leipzig.pdf (letzter Zugriff: 08.05.2015).

79 Vgl.: DOK Leipzig (2014): Pressemitteilung # 15/2014, November 2014. http://www.dok-leipzig.de/dok/press/pressemitteilungen?year=2014 (letzter Zugriff 13.04.2015).

80 Vgl.: http://www.dok-leipzig.de/dok/press/pressemitteilungen/2014/content_item_558321/PM14_2014_Preistraeger_DOK_Leipzig_online.pdf (letzter Zugriff: 08.05.2015).

81 Vgl.: http://www.ffa.de/downloads/FAQ/FFA-FAQ-Film_Referenz_Bewilligung.pdf (letzter Zugriff: 08.05.2015).

82 Vgl.: Langer (2010a): 32.

83 k. A. (2011): Kulturstaatsminister Bernd Neumann appelliert an ARD und ZDF, mehr für den Dokumentarfilm zu tun. Pressemitteilung 375. http://www.bundesregierung.de/Content/DE/Pressemitteilungen/BPA/2011/10/2011-10-17-neuman-ard-zdf.html (letzter Zugriff 08.12.2011).

84 Vgl.: http://www.exklusiv-muenchen.de/news/bayerischer-film-preis-preistraeger-17371 (letzter Zugriff: 08.05.2015).

85 Vgl.: http://www.br.de/presse/inhalt/pressemitteilungen/bayerischer-filmpreis-2015-br-100.html (letzter Zugriff: 14.04.2015).

86 Vgl. http://www.ffa.de/downloads/publikationen/ffa_intern/FFA_info_compact_150209.pdf (letzter Zugriff: 08.05.2015).

87 Vgl.: Stanjek/Londershausen (2000): 21.

88 Vgl.: FFA Filmförderungsanstalt (2014): FFA Info Heft 1/2014.

89 Vgl.: Ebd.

90 Vgl.: FFA Filmförderungsanstalt (2011): FFA Info. Heft 1/2011. S. 4.

91 Ebd., S. 10.

92 http://www.mediabiz.de/film/firmen/programm/pina/120534. (letzter Zugriff: 08.08.2014)

93 Hoffmann, Kay. (k. A.): Wenn die Kinokasse klingelt – oder nicht. http://www.dokumentarfilm.info/index.php?option=com_content&view=article&id=326:wen-die-kinokasse-klingelt&catid=1:aktuelle-nachrichten&Itemid=50 (letzter Zugriff 19.09.2011).

94   Stanjek / Londershausen (2006): 26.

95   Vgl.: Ebd.

96   Ein erfolgreicher Kinostart für Dokumentarfilme bedeutet, über 400 Besucher pro Kopie und Wochenende zu erreichen. Vgl.: Ebd.

97   Neben den hohen Kosten für Filmkopien und entsprechendes Marketing hat sich der Zeitraum verkürzt bis eine Kopie unrentabel wird. Vor allem Filme, die mit wenigen Kopien starteten, können somit nicht mehr über längeren Zeitraum ausgewertet werden und als Dauerbrenner Umsätze erzielen. Vgl.: Ebd., S. 25.

98   Vgl.: Stanjek / Londershausen (2007): 26.

99   „Von dem Einspiel an der Kinokasse erhält der Verleih rund 2 Euro. Davon werden zunächst die Herausbringungskosten (Kopienherstellung, Handling, Disposition, Marketing, PR usw.) bezahlt. Wurde der Verleih von Filmförderungen für den Start unterstützt, muss diese Förderung sofort nach Deckung der Verleihkosten zurückbezahlt werden." Vgl.: Hoffmann (k.A.): Wenn die Kinokasse klingelt – oder nicht.

100   Vgl.: Spaich (2006): 182.

101   Eigene Berechnung nach FFA Filmförderungsanstalt (Hrsg.): Geschäftsbericht 2012. http://www.ffa.de/downloads/publikationen/GB_FFA_2012.pdf (letzter Zugriff 18.05.2014).

102   Haus des Dokumentarfilms (2007b): Redebeitrag von Heidrun Podzus, S. 8.

103   Vgl.: Turecek / Roters (2013): 273 - 280

104   Vgl.: MediaBiz, VideoMarkt (2012a): 30 Jahre Videomarkt im Zeitraffer. http://www.mediabiz.de/video/news/30-jahre-videomarkt-im-zeitraffer/314871 (letzter Zugriff 29.01.2012).

105   Vgl.: Turecek / Roters (2011): 311.

106   Vgl.: MediaBiz, VideoMarkt (2011a): Dokumentationen: Unverzichtbares Nischengeschäft. http://www.mediabiz.de/video/news/dokumentationen-unverzichtbares-nischengeschaeft/309522 (letzter Zugriff 30.01.2012).

107   Vgl.: MediaBiz, VideoMarkt (2010): Dokumentationen: Kein

Nischenmarkt. http://www.mediabiz.de/video/news/dokumenta-tionen-kein-nischenmarkt/295887 (letzter Zugriff 30.01.2012).

108 Vgl.: Ebd.

109 Vgl.: www.videobuster.de (letzter Zugriff: 08.05.2015).

110 http://www.euroduplication.de/ (letzter Zugriff: 08.05.2015).

111 Lingemann/Hachmeister (2005): 25.

112 Die Sendeplatzanalyse untersucht dokumentarische Formate ab 15 Minuten Länge und beinhaltet darin auch Mischformate wie Doku-Soap oder Scripted Reality.

113 Binninger/Stanjek (1999): 3.

114 Vgl.: Jetschin, Bernd (2012): 34.

115 Vgl. Zimmermann (1994): 318-319.

116 http://agdok.de/de_DE/press/177091/hpg_detail (letzter Zugriff: 08.05.2014)

117 Lingemann/Hachmeister, Lutz (2005): 25.

118 Minhoff, Christoph (2007): 219.

119 k. A. (2011): Kulturstaatsminister Bernd Neumann appelliert an ARD und ZDF, mehr für den Dokumentarfilm zu tun. Pressemittei-lung 375. http://www.bundesregierung.de/Content/DE/Pressemitteilungen/BPA/2011/10/2011-10-17-neuman-ard-zdf.html (letzter Zugriff 08.12.2011).

120 Die seit 1999 bestehende Website d-word.com ist heute die größte Onlinecommunity für professionelle Dokumentarfilmer aus der ganzen Welt mit über 4.100 Mitgliedern aus 120 Ländern.

121 Vgl.: http://www.documentary.org/ (letzter Zugriff: 08.05.2015).

122 Vgl.: https://www.kickstarter.com/help/stats (letzter Zugriff: 29. 04. 2015).

123 Aktuelle Statistiken von Kickstarter können tagesaktuell unter https://www.kickstarter.com/help/stats (letzter Zugriff: 08.05.2015) abgerufen werden.

124 Theil (2011): 6.

125 Vgl.: Franz Jacobi auf Startnext (https://www.startnext.com/franz-jacobi; letzter Zugriff: 29.04.2015) und Geschichten hinter

verlassenen Mauern auf VisionBakery (http://www.visionbakery. com/vision/717; letzter Zugriff 29.04.2015).

126 Vgl.: Kreßner (2011): 4-5.

127 Heidsiek (1999): 28- 29.

128 Vgl. http://reports.crowdsourcing.org/index.php?route=product/ product&product_id=54&tracking=5522f117147a6 (letzter Zugriff: 14.04.2015).

129 Langer (2011b): 20.

130 Schriftliches Interview mit dem Geschäftsführer der Crowdinvesting-Plattform CINEDIME Markus Brandmair am 15.06.2014.

131 Ebd.

132 Ebd.

133 Ebd.

134 Im englischen Sprachraum wird hierbei von platform-supported und non-platform-supported gesprochen.

135 Das ‚Alles-oder-nichts-Prinzip' besagt, dass das eingesammelte Geld am Ende der Kampagne nur ausgezahlt wird, wenn die Zielsumme zu 100 Prozent erreicht wurde.

136 Vgl. Wendling (2012): 183-200.

137 http://www.visionbakery.com/crowdfunding-start (letzter Zugriff: 23.04.2015).

138 Bartelt/Lindner/Theil (2011): 6.

139 Vgl. hierzu: Augustin, Michael (2014): Es lebe die Crowd. In: Leitner/Sorg/Sponsel (Hrsg.) (2014): 116.

140 Vgl. Abschluss der Social Media Week – Berlin als Crowdfunding Hauptstadt: http://www.rbb-online.de/wirtschaft/beitrag/2014/09/Social-Media-Week-Crowdfunding-Hauptstadt-Berlin.html (letzter Zugriff: 20.10.2014).

141 Seit 2015 ist Kickstarter auch auf dem deutschen Markt aktiv.

142 Vgl.: ikosom (2015): Crowdfunding Publikationen. http://www. ikosom.de/publikationen/crowdfunding (letzter Zugriff: 29.04.2015).

143 Europäische Kommission (Hrsg.) (2014).

144 Vgl.: Pao lo Crosetto & Tobias Regner (2014) :Crowdfunding:
    Determinants of success and funding dynamics. Jena Economic
    Research Papers. Friedrich-Schiller-University Jena, Max-Planck-
    Institute of Economics.http://pubdb.wiwi.uni-jena.de/pdf/
    wp_2014_035.pdf (letzter Zugriff: 29.04.2015).

145 Koppler, Theresa (2012) Crowdfunding the movies. Diplomarbeit,
    Universität Wien. Philologisch-Kulturwissenschaftliche Fakultät.
    http://othes.univie.ac.at/20865/ (letzter Zugriff: 29.04.2015).

146 Vgl. Für-Gründer.de (2014): Crowdfinanzierung IN DEUTSCH-
    LAND, Stand 31.12.2014. http://goo.gl/vZR7sb, letzter Zugriff:
    15.04.2015, S. 6-7.

147 Vgl.: Ebd., S. 3.

148 Vgl.: Fuer-Gründer.de (2013): Crowdfunding-Monitor 2013.
    Crowdfunding in Deutschland. Entwicklungen und Trends (Stand:
    31.12.2013). http://www.fuer-gruender.de/fileadmin/mediapool/
    Unsere_Studien/Crowd_funding_2013/Crowdfunding-
    Monitor_2013_F%C3%BCr-Gr%C3%BCnder.de.pdf (letzter
    Zugriff: 16.06.2014), S. 14.

149 Vgl.: Fuer-Gründer.de (2014): Crowdfunding-Monitor_Q1_2014.
    Crowdfunding in Deutschland. Entwicklungen und Trends (Stand:
    31.03.2014). http://www.fuer-gruender.de/fileadmin/mediapool/
    Unsere_Studien/F%C3%BCr-Gr%C3%BCnder.de_in_den_Medi-
    en/Crowdfunding-Monitor_
    Q1_2014_F%C3%BCr-Gr%C3%BCnder.de.pdf (letzter Zugriff:
    16.06.2014), S. 14.

150 Vgl.: Für-Gründer.de (2012): Crowdfunding-Monitor 2011.
    Crowdfunding in Deutschland. Entwicklungen und Trends (Stand:
    31.12.2011). http://www.fuer-gruender.de/fileadmin/mediapool/
    Unsere_Studien/Crowd_funding_2011/Crowd_funding-Moni-
    tor_2011.pdf (letzter Zugriff: 12.02.2014). S. 13.

151 Vgl.: Eisfeld-Reschke/Wenzlaff (2011a): 8

152 Wenzlaff/Ebenhan (2011).

153 Vgl.: Ebd.

154 Vgl.: https://www.kickstarter.com/help/faq/ kickstarter+basics?ref=footer (letzter Zugriff: 24.04.2015).

155 Langer (2011b): 18.

156 Bartelt/Lindner/Theil (2011): 6.

157 Heidsiek (1999): 29.

158 Vgl.: Gumpelmaier/Noack (2011): 39.

159 Langer (2011b): 20.

160 Vgl.: ebd.

161 Vgl. Barth (2011): 20-21.

162 Theil/Bartelt: 20-21.

163 Theil (2011): 17.

164 Schriftliches Interview mit dem Geschäftsführer der Crowdinvesting-Plattform CINEDIME, Markus Brandmair, am 15.06.2014.

165 Theil (2011): 16.

166 Bulkley, Kate (2012); Is crowd-funding the future for documentaries? http://www.guardian.co.uk/sheffield-doc-fest/funding-models-for-film-making (letzter Zugriff 11.03.2012).

167 Theil (2011): 17.

168 Vgl.: Augustin, Michael (2014): Es lebe die Crowd. In: Leitner/Sorg/Sponsel (Hrsg.) (2014): 113-127.

169 Theil (2011): 18.

170 Kultur2Punkt0 (2012): http://www.kultur2punkt0.de/2012/ dresden-druchstarter-dresden-bekommt-eine-eigene-crowdfunding-plattform-1878 (letzter Zugriff: 25.09.2014).

171 Hamburg Kreativ Gesellschaft: http://kreativgesellschaft.org/de/ veranstaltungen/2014/gewinner-screening-crowd-for-shorts (letzter Zugriff: 25.09.2014).

172 Reelisor (2011): Crowdfunding Podcast 3. Ronald Vietz. Im Rahmen der Documentary Campus Final Pitching Session 2011. http://www.reelisor.com/p/crowdfundingpodcast_3 (letzter Zugriff: 12.01.2012).

173 Vgl.: Krug, Jutta (2012): Telefonisches Interview mit Jutta Krug vom 24.02.2012.

174 Vgl.: https://www.facebook.com/instofideas/
     posts/119372351456721 (letzter Zugriff 30.04.2015).

175 Schriftliches Interview mit Jenny Hellmann und Regina Mennig
     am 22.07.2014.

176 Ebd.

177 Schriftliches Interview mit dem Filmemacher Marc Mauricius
     Quambusch am 16.06.2014.

178 Ebd.

179 BVB (2013): Borussia Dortmund unterstützt Film-Projekt über
     Gründer Franz Jacobi. http://www2.bvb.de/?%87%ECZ%1B%E7%
     F4%9C%5Ci%E6%84%95 (letzter Zugriff: 27.09.2014).

180 Schnittker, Gregor: Interview. http://www.gregorschnittker.de/
     projekte.php (letzter Zugriff: 27.09.2014).

181 Schriftliches Interview mit dem Filmemacher Marc Mauricius
     Quambusch am 16.06.2014.

182 Schriftliches Interview mit dem Filmemacher Enno Seifried am
     13.09.2014.

183 Schriftliches Interview mit dem Filmemacher Alexander Bieder-
     mann am 06.08.2014.

184 Ebd.

185 Schriftliches Interview mit der Filmemacherin Kirsi Marie Liimatai-
     nen am 02.09.2014.

186 Ebd.

187 Ebd.

188 Bartelt / Lindner / Theil (2011): 6.

189 Co:Funding Handbuch 2011/12, S. 2-14 und Koppler, S. 36.

190 Vgl. Augustin, Michael (2014): Es lebe die Crowd. In: Leitner/
     Sorg / Sponsel (Hrsg.) (2014): 113-127.

191 Cyranek, Alina (2014): Schriftliches Interview mit dem Filmema-
     cher Alina Cyranek am 22.07.2014.

192 Kickstarter: https://www.kickstarter.com/projects/bridegroom-
     movie/bridegroom-an-american-love-story (letzter Zugriff:
     13.05.2014).

193 Schriftliches Interview mit dem Filmemacher Enno Seifried am 13.09.2014.

194 Puffer, Hanna (2015): Video-on-Demand:Neue Schubkraft durch Netflix? http://www.media-perspektiven.de/fileadmin/user_load/media-perspektiven/pdf/2015/01-2015_Puffer.pdf; letzter Zugriff: 24.05.2015. S. 19.

195 Vgl.: Ebd., S. 25

196 Otto (2009): 27.

197 Vgl.: http://www.mediabiz.de/video/news/durch-netflix-faellt-vod-nicht-vom-himmel/380798 (letzter Zugriff: 08.05.2015).

198 Vgl.: http://vimeo.com/ondemand (letzter Zugriff: 08.05.2015).

199 Wesnigk (2010b): 167.

200 Vgl.: Ludewig, Anke / Füllgraf, Christian (2007): Video-on-Demand, Live-Streaming, IPTV und Co. Ein kurzer Überblick über die sogenannten „Online-Rechte". Vortrag innerhalb des Workshops: DVD, VOD, PODCAST & CO. Die digitale Auswertung von Dokumentarfilmen. Was bleibt? Was kommt? Eine Zwischenbilanz. 6./7.09.2007 in Köln, Filmforum NRW (Kino im Museum Ludwig). http://www.dokumentarfilminitiative.de/index.php?view=article&id=145&option=com_content&Itemid=122; letzter Zugriff 19.04.2012.

201 Turecek / Roters (2011): 316.

202 Vgl.: Pohlmann, Sonja (2013): http://www.tagesspiegel.de/medien/quotenmessung-die-neue-fernsehvolkszaeh-lung/8030520.html (letzter Zugriff: 16.04.2015)

203 Vgl.: Schneider (2009)

204 Vgl. http://dafilms.com/news/2014/6/2/1000_docs_online (letzter Zugriff: 08.05.2015).

205 http://www.amazon.de/s/ref=nb_sb_noss?__mk_de_DE=%C3%85M%C3%85%C5%BD%C3%95%C3%91&url=search-alias%3Dinstant-video&field-keywords=&rh=n%3A3010075031 (letzter Zugriff: 13. 04.2015)

206 http://www.maxdome.de/serie/dokumentarfilm (letzter Zugriff:

13.04.2015)

207 http://www.maxdome.de/serie/dokumentarfilm. (letzter Zugriff: 11.04.2012)

208 Vgl.: Reschl, Wilhelm / Schneider, Thomas (2011): Video on Demand. Die Hoffnung der Filmer. http://www.dokumentarfilm. info/index.php?option=com_content&view=article&id=489:vid eo-on-demand-die-hoffnung-der-filmemacher&catid=61:dokvil le-2011 (letzter Zugriff 20.11.2011).

209 Vgl.: ProSiebenSat.1 Media AG (2012): Geschäftsbericht 2011. http://www.prosiebensat1.de/media/3451608/dt_p7s1_gb_2011. pdf (letzter Zugriff 04.03.2012). S 138.

210 Vgl.: ProSiebenSat.1 Media AG (2015): Geschäftsbericht 2014. http://www.prosiebensat1.de/media/6544403/p7s1_gb14_de_on-line_2015-04-10.pdf (letzter Zugriff 14.04.2015). S. 7, 104.

211 Heger (2011): 611.

212 Vgl. Dehn (2011): 8.

213 Vgl.: http://kinox.to/Movies.html (letzter Zugriff: 17.04.2015)

214 Filmatorium (k.A.): Deckname Dennis. http://www.filmatorium. com/deckname-dennis (letzter Zugriff: 29.01.2012).

215 Turecek, Oliver/ Roters, Gunnar: Home-Entertainment-Branche wächst. Videomarkt und Videonutzung 2012. In: MEDIA PER-SPEKTIVEN. http://www.media-perspektiven.de/261.html?&tx_mppublications_pi1[showUid]=2001&cHash=ad53fc653486c5356 8a5a51bfaabd59b (letzter Zugriff: 23.08.2012).

216 https://filmcourage.com/content/80-of-filmmakers-are-not-buil-ding-their-audiences-on-social-media (letzter Zugriff: 16.05.2015).

217 Vgl. Worden (2012), zit. nach Pfeiffer (2012).

218 Iversen (2005): 177.

219 Ebd.

220 Ebd., S. 184.

221 Vgl.: Ebd.

222 Vgl.: Ebd.

223 Weinberg (2012): 8.

224 Vgl. Bernoff/Li, zit. nach Bannour/Grabs (2012): 74.

225 Vgl. Kaufman (2012): 106.

226 https://www.facebook.com/MoreThanHoney (letzter Zugriff: 08.05.2015).

227 Zahlen vom 10. 04.2015, 21:51 Uhr

228 bloodinthemobile.org (letzter Zugriff: 08.05.2015).

229 youtube.com/user/bloodinthemobile (letzter Zugriff: 08.05.2015).

230 twitter.com/BloodinMobile (letzter Zugriff: 08.05.2015).

231 facebook.com/bloodinthemobile (23.11.2013: 16.458 Fans; 14.06. 2014: 16.836 Fans) (letzter Zugriff: 08.05.2015).

232 http://www.fairphone.com (letzter Zugriff: 08.05.2015).

233 Weinberg (2012): 13.

234 Englisch: Quick Response – zweidimensionale Strichcodes zur Datenspeicherung.

235 Vgl. Reiss, zit. nach Kaufman (2012): 124.

236 Vgl.: Reiss (2010b)

237 Vgl. hierzu: Augustin (2014): 126.

238 Vgl.: http://kinox.to/Movies.html (letzter Zugriff: 17.04.2015)

X4 BILDNACHWEISE

Abbildungen

- » Abb. 1: Maysles Films Inc.
- » Abb. 2: Jörg Langer, Präsentation Bollmannsruh 2014
- » Abb. 3: FFA, Geschäftsberichte, FFA Info ab 2000
- » Abb. 5: Für-Gründer.de (2014): Crowdfunding Monitor 2015, S. 3.
- » Abb. 6: Für-Gründer.de (2013): Crowdfunding-Monitor 2013, S. 14.
- » Abb. 7: Für-Gründer.de (2012): Crowdfunding-Monitor 2011. S. 12.
- » Abb. 8: Für-Gründer.de (30.06.2014): Crowdfunding-Monitor H1 2014. S. 14.
- » Abb. 9 basierend auf: Co:funding Handbuch 2011/12, S. 18.
- » Abb. S. 169: © Serg Nvns

Tabellen

- » Tab. 1: FFA Info 1/2014, S. 13
- » Tab. 2: FFA Info 1/2011 S. 4.
- » Tab. 3: FFA Info 1/2011 S. 10.
- » Tab. 4: Jörg Langer, Präsentation Bollmannsruh 2014
- » Tab. 5: Alle Werte beziehen sich auf Angaben der Plattformen (Stand: 25. April 2015)
- » Tab. 6: Dirk Martens/ Jan Herfert, in: Media Perspektiven 2/2013, S. 103. thebrainbehind GmbH: Hybride Welten – Der Kampf ums Wohnzimmer und die Business Modelle, S. 4, eigene Darstellung, Deskresearch.
- » Tab. S. 110: Nach Koppler, S. 82-92, Ebenhan, S. 20-23, 36-37 und Cofunding Handbuch, S. 4, 7, 9.

X

DIESE BÜCHER KÖNNTEN IHNEN AUCH GEFALLEN ...

Webdoku

Geschichte, Technik, Dramaturgie

Die Zeit ist reif für neue Erzählformen an der Schnittstelle zwischen Film, Journalismus, Kunst und Computerspiel – wie dokumentarische Geschichten zum multimedialen Erlebnis werden.

Autorin: Andrea Figl
ISBN 978-3-86764-571-3

Pitch it!

Die Kunst, Filmprojekte erfolgreich zu verkaufen

„Sollte für jeden Drehbuchautoren, Produzenten und überhaupt alle, die sich mit dem Verkauf von Stoffrechten und Filmprojekten beschäftigen, zu einer unverzichtbaren Pflichtlektüre werden." (kino-zeit.de)

Autorin: Sibylle Kurz
ISBN 978-3-86764-527-0

NOTIZEN

NOTIZEN

NOTIZEN

NOTIZEN

NOTIZEN

Praxis Film Band 89

Bibliografische Information der Deutschen Nationalbibliothek
Die Deutsche Nationalbibliothek verzeichnet diese Publikation
in der Deutschen Nationalbibliografie; detaillierte bibliografische
Daten sind im Internet über http://dnb.d-nb.de abrufbar.

ISSN 1617-951X
ISBN 978-3-86764-520-1 (Print)
ISBN 978-3-86496-444-2 (EPUB)
ISBN 978-3-86496-534-0 (EPDF)

© UVK Verlagsgesellschaft mbH, Konstanz und München 2015
Design-Konzeption und Satz: Bureau Heintz, Stuttgart
Druck: CPI – Ebner & Spiegel, Ulm

UVK Verlagsgesellschaft mbH
Schützenstr. 24 · D-78462 Konstanz
Tel.: 07531-9053-0 · Fax: 07531-9053-98
www.uvk.de